【诸子如是说】系列

晏子原来这样说

姜正成◎编著

中国华侨出版社

图书在版编目（CIP）数据

晏子原来这样说/姜正成 编著. —北京：中国华侨出版社，2012.6（2023.1重印）

ISBN 978-7-5113-2445-0

Ⅰ.①晏… Ⅱ.①姜… Ⅲ.①先秦哲学②《晏子春秋》-名句 Ⅳ.①B220.1

中国版本图书馆 CIP 数据核字（2012）第 100765 号

● 晏子原来这样说

编　　著／姜正成
责任编辑／崔卓力
责任校对／志　刚
版式设计／丽泰图文设计工作室／桃子
经　　销／全国新华书店
开　　本／710×1000毫米　1/16开　印张/16　字数/218千字
印　　刷／三河市嵩川印刷有限公司
版　　次／2012年6月第1版　2023年1月第3次印刷
书　　号／ISBN 978-7-5113-2445-0
定　　价／48.00元

中国华侨出版社　北京市朝阳区静安里26号通成达大厦3层　邮编：100028
法律顾问：陈鹰律师事务所
编辑部：(010) 64443056　64443979
发行部：(010) 64443051　传真：(010) 64439708
网　　址：www.oveaschin.com
E-mail：oveaschin@sina.com

前 言

中华文化博大精深,字里乾坤大,词语春秋长。要想传承中华文化,先秦历史文化有重要的资料价值,给后人留下了宝贵的文化遗产。

晏子就是先秦诸子中的一位。百家争鸣是战国时期的事,晏子生活在春秋末期,尚无争鸣之事。关于晏子的思想体系问题,应该说,非儒更非墨。晏子的思想是独立的。虽然历代学者称晏子为儒者或墨者,是从晏子言行中看到后来儒墨的影子,实际上这是作为政治家、社会活动家的晏子对儒家的影响。

晏子作为一位政治家,他毕生最为关注的乃是如何治理好国家,如何实现政治清明、国家强盛、民生富足、社会安定。为此,他提出了一系列关于政治、经济、法律、军事、外交、伦理道德以及人生观、自然观等方面的重要主张,形成了较为全面的思想体系和治国主张。

关于治国之道:晏子提出"以礼治国,以礼救国",礼对于一个国家的作用也是举足轻重的。礼制维护的是君主专制下的等级名分制度,是关系到国家政权和社会秩序的根本制度。

关于牧民之道:晏子提出"重民爱民,薄赋省刑",晏子总结了历史上王朝兴衰的经验教训,比较清醒地认识到政权的巩固离不开人民群众的支持,国家各项重要事情的完成,如赋税征收、土木工程建设、军事行动等都需要得到人民群众的参与和支持才能顺利完成。失去了民众的支持,国家政权将一事无成,乃至倾覆灭亡。

关于用人之道：晏子提出"举贤任能，远离谗佞"，晏子多次谈到亲近和任用谗佞之人会对国家造成极大的危害。作为统治者，要远离谗佞谄谀之人，任用贤者。

关于廉政之道：晏子提出"廉洁节俭，戒奢拒腐"，晏子认为统治集团奢侈腐化的生活，是导致加重人民的赋税与徭役负担的重要原因。统治集团纵欲奢侈，就必然要对人民横征暴敛，导致人民生活贫困。要想减轻人民的负担，首先必须控制统治集团对财富的肆意挥霍。

关于为臣之道：晏子提出"忠心事君，忠诚报国"，忠于国君、热爱国家，是晏子作为执政大臣所持有的基本态度。但与别的政治家不同的是，他并不是无条件地、盲目地忠于某一个君主，而主要是忠于君主所代表的政权、所代表的制度、所拥有的国家。

关于命运之道：晏子提出"重人轻命，不迷鬼神"，晏子所处的时代，是迷信鬼神盛行的时代，但是晏子却保持着清醒的头脑，抱着与世俗之人迥然不同的态度。他虽然没有明确提出反对迷信鬼神的唯物论思想，但从他的言论和行事可以看出，他对于祭祀上帝鬼神、占卜、禳除、祷祝等活动，抱着怀疑的不相信的态度。

关于军事之道：晏子提出"卫国保民，和平外交"，晏子的治国思想中，也包含了有关军事思想的内容，其核心是卫国保民。他不主张战争，但是也绝不反对正义的讨伐。晏子认为，只有和诸侯国和平相处，推行德义和好诸侯，才能使国家免于战乱，求得安定。

本书收录了晏子的经典名句，以及这些经典名句对后人的启发。本书将晏子的重要思想详尽地陈述了出来。穿越几千年的历史时空，晏子原来这样说过治国之道、牧民之道、用人之道、廉政之道、为臣之道、命运之道、军事之道。本书通过生动有趣的实例和深入浅出的分析，启迪你的智慧，照亮你的人生之路，开启成功之门。

目 录

第一章 以礼治国，以礼救国
——晏子原来这样说治国之道

夫礼者，民之纪也，纪乱则民失。乱纪失民，危道也。礼是立国之本，治国理民之纪纲。而礼对于一个国家的作用也是举足轻重的。善于用礼，对内可以礼治国，国泰民安；对外则可御敌之国，秋毫无犯。打江山靠的是武力，而保江山则不可无礼。在行礼制之时，不可乱礼，国家的掌舵者更要以身示范，为民标榜。

勇力之立，礼义为重	003
礼崩乐坏，国将不存	007
礼为民纪，失之危道	011
礼之不同，因人而异	015
礼法既立，率先垂范	019
恪守其礼，人人相安	023
人若好礼，好礼者至	027
礼折其谋，可以救国	031
礼仪之用，简易为适	035

第二章 重民爱民，薄赋省刑
——晏子原来这样说待民之道

民者，社稷之本也。有人说，最能体现为政者良心的就是对普通人民的态度。一个国家的执政者，只有时刻为民着想，为民谋福利，减轻人民负担，才能赢得人民的拥戴。因此，国家在制定法纪、实施政策、执行法律之时，一定要公正公平，坚持依法行事，不欺压民众，不滥施刑罚。国家的各项发展也都离不开人民的支持，只有兼顾这些，才能使国家长治久安。

君不亲民，上下离心 …………………………………… 041
纵夺皆非，民无所措 …………………………………… 045
苴国立政，不乱益刑 …………………………………… 049
君宜薄赋，予民以财 …………………………………… 053
敛不反民，并非小事 …………………………………… 057
度义因民，事事皆成 …………………………………… 061
明君如泽，宽以容人 …………………………………… 065
仁为德先，不仁难名 …………………………………… 069

第三章 举贤任能，远离谗佞
——晏子原来这样说用人之道

国君应当任用贤德之人为官从政，乃是古代有远见卓识的政治家共同的主张，晏子继承并发扬了这一思想，提出了他的独到见解："举贤任能，远离谗佞。"晏子多次谈到亲近和任用谗佞之人会对国家造成极大的危害，多次引用夏桀、商纣王灭亡的历史教训以说明其危害性。

圣明之行，亲贤远佞 ·················· 075
举语考事，以之求贤 ·················· 079
穷通之别，举贤任能 ·················· 083
用人有道，扬长避短 ·················· 087
佞人谗夫，有迹可识 ·················· 091
谗佞之人，不可不除 ·················· 095
贤佞不分，国之危亡 ·················· 097
上明下直，以身作则 ·················· 099
量才而用，德禄相称 ·················· 103
赏罚不明，国将不国 ·················· 107
宠谗伤贤，后患无穷 ·················· 111
贤者爱人，善于攻心 ·················· 115
深入民心，上情下达 ·················· 119
累卑为高，集思广益 ·················· 123

第四章 廉洁节俭，戒奢拒腐
——晏子原来这样说廉政之道

晏子所处的时代，各诸侯国里，以君主为首的统治集团无不过着奢侈腐化的生活，齐国也不例外。晏子认为，这是导致加重人民的赋税与徭役负担的重要原因。统治集团纵欲奢侈，就必然要对人民横征暴敛，导致人民生活贫困。要想减轻人民的负担，首先必须控制统治集团对财富的肆意挥霍。因此，晏子特别强调统治阶级应当生活简朴、力戒奢华的重要性。

节欲励志，国富民强 ·················· 129
廉让为上，怨利生孽 ·················· 133
富而有度，利过则败 ·················· 137

富而不骄，贫而不恨 ······ 141
取之以义，用之有度 ······ 145
提倡节俭，严于表率 ······ 149
骄奢淫逸，国必衰亡 ······ 153

第五章 忠心事君，忠诚报国
——晏子原来这样说为臣之道

在中国传统文化中，"忠、孝、礼、义、信"一直是各阶层人士共同遵奉的行为准则，而在五字之中，"忠"排在第一，可见其地位之重要性。最初时，忠指的是为人诚恳厚道、尽心尽力。最早的文献，对忠的解释基本没有跳出它的原始意义，也没有后来被引申出的忠于他人、忠于君主、忠于国家等诸多含义。而晏子认为，对昏君暴君没必要忠，可以抛弃，甚至可以指责。晏子有关为臣之道方面的言论和实践，可以说是态度鲜明并对当时及后世影响极大。

顺逆之道，关乎社稷 ······ 159
同和有别，不可忽视 ······ 164
得失进退，权变相宜 ······ 168
善为人臣，声名归君 ······ 172
忠不预交，坦诚为公 ······ 176
忠臣事君，不尽愚忠 ······ 180
君明则佐，君昏则诤 ······ 184
一心事君，美名远播 ······ 188
委婉劝谏，道存身进 ······ 192

第六章 重人轻命，不迷鬼神
——晏子原来这样说命运之道

晏子所处的时代，是迷信鬼神盛行的时代，但是晏子却保持着清醒的头脑，抱着与世俗之人迥然不同的态度。他提出："重人事，轻天命，不迷信鬼神。"虽然没有明确提出反对迷信鬼神的唯物论思想，但是从他的言论和行事可以看出，他对于祭祀上帝鬼神、占卜、禳除、祷祝等活动，抱着怀疑的不相信的态度。

恃巫自轻，不如靠己	199
盛之有衰，生死必然	203
上帝不神，祝亦无益	207
天殃不善，善必福之	211
天道不謟，不贰其命	215
占梦非真，心理使然	219

第七章 卫国保民，和平外交
——晏子原来这样说军事之道

在春秋时代，多数执政的政治家都兼管军事，晏子身为齐相，掌管政府的全面工作，自然也包括军事工作。晏子继承了商、周以来传统的以仁义之师讨伐暴虐之国的战争观。同时，他也认为，只有和诸侯国和平相处，推行德义以和好诸侯，才能使国家免于战乱，求得安定。

以谋胜敌，益臣益民	225
智者多豫，愚者多悔	229
讨伐暴虐，仁义之理	233
推行德义，和平相处	237
政通人和，伐则必胜	241

第一章 以礼治国，以礼救国

——晏子原来这样说治国之道

夫礼者，民之纪也，纪乱则民失。乱纪失民，危道也。礼是立国之本，治国理民之纪纲。而礼对于一个国家的作用也是举足轻重的。善于用礼，对内可以礼治国，国泰民安；对外则可御敌之国，秋毫无犯。打江山靠的是武力，而保江山则不可无礼。在行礼制之时，不可乱礼，国家的掌舵者更要以身示范，为民标榜。

第一章 以礼治国，以礼救国
——晏子原来这样说治国之道

勇力之立，礼义为重

【原典】

晏子曰：轻死以行礼谓之勇，诛暴不避强谓之力。故勇力之立也，以行其礼义也。

【古句新解】

晏子说："不怕死如果是为了行礼义，那才可以称之为勇敢；诛讨凶暴如果不避豪强，那才可以称之为有力。所以勇敢、有力量的典型树立，必须是因为它实行礼义。"

自我品评

中国古代的历史也是不断征服和替代的历史，而其中的秦国，虽被称为"虎狼之国"，以勇立国，威震天下，却也是昙花一现，难以长久。

最初立国的秦人，生活于当时天下的西北高原，但那里却是游牧部落（戎族人）的天下，这些马背上的民族极其凶猛，他们经常对秦人进行攻击和屠杀。史书记载，秦人几代先王都战死在疆场，刚刚诞生的秦国血流成河。然而，这个顽强的民族开始在逆境中成长。经过200多年的浴血奋战，秦军彻底征服了剽悍的游牧民族，统一了西北高原。秦人曾被中原各国歧视为"牧马贱夫"（秦人原来只是为周王室养马的），与边远地区少数民族同列，但不管秦人是否为戎狄，这个自称是狼的后代的民族，在几百年的磨砺中，在性格和风气上已经同戎狄没有什么分别了。

在改革者商鞅的推动下，秦国人在随后的二百年里，几乎所向无敌。它的军队几乎成了天下人的梦魇，秦国更是被东方六国视为虎狼之国。《战国策》中，当时一个谋士这样描述战场上的秦军：他们胳膊下夹着俘虏、身上挂着人头，追杀逃跑的对手。

公元前221年，秦王嬴政统领百万兵马征服天下，创立帝号，自称始皇；这是中国历史的转折点，从此历史进入了一个以大一统为标志的时期，也进入了一个君主专制的帝国时代！然而，能够完成这项伟大的目标，不只因为秦始皇一人的魄力，而是秦国几代人的奋斗和春秋战国数百年来列国纷争的综合结局，是几代先君过人的奋斗、变革者的加盟，更是秦国尚武精神的强大影响力。

秦始皇统一天下后，并没有停止征服的脚步。公元前215年，帝国大将蒙恬奉旨北上，率30万秦军与匈奴决战并修筑长城；公元前219年，50万秦军南下并迅速推进到桂林一带。为了能够使得这两项庞大远征行动顺利完成，秦帝国还耗费了大量的人力物力修筑了直道、长城还有灵渠。

但是即便有了方便的运输道路和防御工事，我们仍然会明白秦军的艰难，北方的匈奴人，是马背上的猎手，是天生的军人；而有百万规模的秦军，骑兵的数目只有万余人。在大部分为步兵的情况下，在一年的时间内，将匈奴人击退到大漠深处，其艰难可想而知！岭南之地，林木茂盛，瘴气弥漫、毒虫遍地，顽强的土著人（越人）神出鬼没，四处设伏，偷袭秦军，连当时南征的最高统帅屠睢也被杀死。

帝国最终仅维持了15年。一群戍卒，因不满秦王朝暴政，揭竿而起。起义之风如燎原之火，漫布天下。当起义军直捣咸阳时，早已经没有主力军的秦二世被迫赦免了正在修筑秦始皇陵和阿房宫的几十万刑徒，拼凑起一支大军，抵抗起义军。然而从这段时期到秦王朝彻底灭亡，还有一段时间，但当时驻扎在北方的30万部队和南征的50万部队，却迟迟没有回师救援。

不可否认，秦朝开始的反抗之举是为礼义而行的，他们为了免受

第一章 以礼治国，以礼救国
——墨子原来这样说治国之道

杀害，此时的将士不畏生死，不惧豪强，可谓勇力。而建立王朝之后，虽然后人评价秦始皇是千古一帝，然而他当时只知道鱼肉百姓，以野蛮立国，以武力慑人，而不去行礼义于天下，最终难逃灭亡。

公元588年，隋帝国50万大军突破长江，直捣建康，俘获了陈后主，后来在扬州附近转战千余里，平定叛乱。从此，历经"五胡乱华""南北朝更替"数百年的动荡后，天下又归于一统，这是隋朝的最大荣耀。隋文帝懂得节俭，修礼行义，并珍惜国力，使得中国在很短的时间就恢复了应有的强大。然而，灭陈之后，一个来自东北的威胁继而出现。

中国境内的少数民族政权高句丽，自南北朝时出现后，开始兴起，并在隋朝以前，就占据着朝鲜半岛北部和辽东半岛。它的国土虽小，但却不是一个弱小的国家。六七世纪时，已经成为了一个中央集权制的地区强国，人口在500万左右，在和中原王朝作战时，一次可调动兵力15万人，最大征兵可达50万人，凭借辽东的险要地势，已完全具备了争夺地区霸权的能力。

为了消灭这个潜在的威胁，隋朝两代君主前仆后继一连发动四次东征，几乎倾尽国力。公元598年，高句丽王率骑兵万余进扰辽西，隋文帝即命汉王杨谅、上柱国王世积为行军元帅，周罗睺为水军总管，率大军30万，分水陆两路进攻高句丽。汉王杨谅率陆路隋军出山海关，时逢雨季，道路泥泞，粮草供应不上，军中疫病流行，虽勉强进至辽水，已无力战斗；水路隋军由周罗睺率领，自东莱出海，直趋平壤城，在海上遇大风，船多沉没。于是水陆两军被迫退兵，死者十之八九。

公元611年，隋炀帝以高句丽不遵臣礼为由，下诏征讨高句丽，命天下兵卒，不论远近，都到涿郡集中。次年正月，全国应征的士卒全部到达涿郡。全军共计113.38万人，号称200万，统由炀帝亲自指挥。各军首尾相接，鼓角相闻，旌旗相连长达千里，声势浩大，史称"近古出师之盛，未之有也"。三月，隋军进至辽水西岸展开。高句丽兵依辽水据守，数日后隋军浮桥接成，依次渡河，歼灭东岸的高句丽军万余人，乘胜进围辽东城，辽东城久攻不下。六月，隋炀帝亲至辽东城督诸军攻

城，同时命左翊卫大将军宇文述等九军共30.5万人，越过高句丽诸城，向鸭绿水挺进，与水军配合攻打平壤。高句丽大将乙支文德采取诱敌深入的计策，边打边退，引诱隋军，致隋军疲于奔命，宇文述见将士疲惫已极，且军中粮尽，平壤城又坚固难拔，遂被迫还师。高句丽军乘其后撤，从四面抄击隋军。宇文述等且战且退，至萨水被高句丽军半渡击之，诸军皆溃，退至辽东城时仅余2700人。右翊卫大将军来护儿率水军经海道入大同江，在距平壤60里处击败高句丽军，乘胜以精甲4万攻城，遇伏大败，还者不过数千人。炀帝第一次征高句丽以惨败告终，上百万人的生命葬送在辽河以东，高句丽得胜后，将数万隋朝士兵的尸体筑成"京观"，用恐怖的手段来威吓隋朝人。

613年，隋炀帝第二次御驾亲自东征。这一次辽东城绝不可能再支持下去，可是杨玄感救了它。杨玄感是杨广夺嫡杀父同党杨素的儿子，这时正在黎阳（河南浚县）督运军粮。他在黎阳叛变，截断杨广的退路。杨广只得放弃辽东，回军迎战，第二次东征也草草结束。杨玄感兵败而死，但他的叛变使杨广展开大规模逮捕处决，促使民变更成燎原之势，不可遏止。

狂征高句丽给隋带来了严重的灾难，由于广征丁夫，耗资巨大，加上修运河等工程，严重耽误农事，造成大量壮丁死亡，以致出现"男丁不足，役使妇人"的可怕局面，各地纷纷揭竿而起。早在第一次东征准备时，因为其规模和程序过于庞大和复杂，已经酿成灾祸。官逼民反的形势，完全成熟，人民纷纷武装抗暴，集结起来，屠杀官员，抢夺富民食粮，天下大乱。到了隋炀帝准备第四次东征时，天下已有三分之二陷于"盗匪"之手。

秦隋两朝的崛起和衰亡，都说明了只崇尚武力，穷兵黩武，而不行道义，终不能长久。晏子曾说，力气大的足以胜其长官，勇气多的足以弑杀君主，但是礼义使他们不能这样做。只有禽兽才以力气强大决定谁当头领。如果违背了礼义，那么不怕死就不是勇敢而是亡命之徒，诛暴避强就不是正义而是欺软怕硬。所以，不管是个人，还是一个国家，都必须以礼为重，而后行事。

第一章 以礼治国，以礼救国
——晏子原来这样说治国之道

礼崩乐坏，国将不存

【原典】

晏子曰：夫乐亡而礼从之，礼亡而政从之，政亡而国从之。国衰，臣惧君之逆政之行有歌，纣作《北里》，幽、厉之声故夫淫以鄙，而偕亡。

【古句新解】

晏子说："好的乐曲被靡靡之音取代而亡，礼仪就会跟着灭亡；礼仪衰亡了，政治就会跟着衰亡；政治衰亡了，国家政权就会跟着衰败。国家衰败，人们担心君王违背政道行为会从这靡靡之音开始。商纣王曾作《北里》，周幽王、周厉王的音乐也是淫荡而鄙俗，他们都亡国了。"

自我品评

《礼记·乐记》有言曰："乐者，天地之和也。礼者，天地之序也。和，故百物皆化；序，故群物皆别。"礼，是对上下、尊卑、长幼关系的外在规范，体现的是秩序；乐，是人内在情感的自然流露，表达的是情感。礼与乐相互配合，既可以使人遵守一定的等级秩序，又能使人们在这个秩序之下和谐相处。当然这里的乐指的是正乐、雅乐，而如果是"靡靡之音"、"亡国之音"，那么，将会误国害民。

唐朝皇帝李隆基，创立了开元盛世，怎么会衰落？唐玄宗李隆基是个明君，怎么会变成昏君？怎么会使唐皇朝逐渐衰落，几乎亡国？

唐朝的疆土包括了今天的河南商丘、开封，陕西凤翔，湖北江陵、襄樊，北至太原、北京，西至蜀川即四川。今甘肃武威、凉州商业繁盛，河西走廊、中亚、西亚顺畅，商人往来交通方便，各国使者商人来往不绝。社会财富增加，国力空前强盛。

武则天时期，东突厥、契丹辽西十二州（今辽宁柳城）朝阳都归属唐朝。

到了唐玄宗时期，社会经济的繁荣，跟着推动了文化事业的发展。唐玄宗多才多艺，特别擅长音乐，音乐舞蹈大发展，盛世的诗歌乐府等，对中国文学的影响极为深远，涌现了高适、岑参、王维、孟浩然、李白、杜甫、白居易等众多的著名诗人。众多的名诗人，在诗中歌咏繁华，全国各地都在吟诗，全面深刻地反映了这一时代的特点。再如书法、绘画雕塑、陶瓷等工艺，也都有显著的成就。

但是，唐玄宗李隆基，当了二十多年太平皇帝之后，渐渐滋生了骄傲自满情绪，对国家的治理也慢慢放松了。唐朝社会自开元盛世，进入天宝年之后，各类社会矛盾开始激化。唐王朝从此走上了由盛到衰之路。唐玄宗李隆基由英明变成昏庸，不理朝政，整天与杨贵妃戏谑调情，唐玄宗不惜人力从岭南，快马驰运荔枝到长安给杨贵妃吃。杨贵妃"一人得道，鸡犬升天"。她的三个姐姐，都被封为夫人，杨贵妃的远房族兄杨国忠跃升为宰相。

唐玄宗晚年，宠信奸佞，纵情声色，追求享乐，盛世政治开始混乱，封建统治腐朽，社会矛盾越来越尖锐，李家皇朝已坐在火山口上了。开元盛世宣告结束，一场大动乱、大分裂开始了。

公元735年，唐玄宗的儿子李瑁，在其母武惠妃的帮助下，十六岁的杨玉环被正式封为寿王李瑁的妃子。公元737年，唐玄宗李隆基宠爱的武惠妃病死了。公元740年，晚年的唐玄宗好色，遍寻美女，抢夺儿子的妃子。唐玄宗在骊山温泉宫听说儿子李瑁的妃子杨玉环很美，能歌善舞通晓音律，又娴熟各种器乐，就命人从寿王府召来杨玉环，前来陪驾献舞，当时56岁的唐玄宗，一下子被杨玉环"回眸一笑

第一章 以礼治国，以礼救国
——晏子原来这样说治国之道

百媚生，六宫粉黛无颜色"的娇媚倾倒，唐玄宗李隆基从此再也放不下这个儿媳妇了。杨玉环的出现让唐玄宗心惑神迷，色令智昏。他父夺子妻，将杨玉环占为己有。

为了掩人耳目，掩盖自己思想无道德的堕落，在宦官高力士的安排下，先让杨玉环向李瑁提出离婚，后主动申请出家为尼，取法号"太真"，出家的地点，是道观太真宫（宫廷道教的庙宇），不久，使杨玉环还俗，唐玄宗把她迎入宫中。从此，李隆基日日笙歌，不离杨玉环，夜夜专房沉溺于声色之中，春宵苦短日高起，从此君王不早朝。国事任凭李林甫处理。

公元745年（天宝四载）农历八月，李隆基封杨玉环为贵妃。在此之前，为了安抚儿子寿王李瑁，李隆基于七月替李瑁另选左卫中郎将韦昭训的女儿为妃，册立韦氏为王妃。

杨玉环被封为贵妃后，追赠父亲为太尉、齐国公，追封母亲为凉国夫人，封大姐为韩国夫人，三姐为虢国夫人，八姐为秦国夫人。堂兄杨铦，授鸿胪卿，杨锜任侍御史。整个杨氏家族凭着杨贵妃的地位，生活荣华富贵，政治上权倾朝野。远房堂兄杨国忠，凭着杨贵妃的关系，进入京师，仕途一帆风顺，李林甫年老病死后，迅速上升，出任宰相。

唐朝大诗人白居易诗："姊妹兄弟皆列士，可怜光彩生门户。遂令天下父母心，不重生男重生女。"

李隆基由英明变得昏庸，真可谓盛也李隆基，衰也李隆基。

无独有偶，南唐后主李煜，本无治国之才，却登上帝位。喜好诗文音律的他，终究也落得个饮毒而亡。

自大周后生病卧床，李煜便与大周后的妹妹小周后在红罗小亭里歌唱酣饮，李煜亲执檀板，小周后婉转歌喉，月明风清，良辰美景对佳人，便是天上神仙，也不过如此。

李煜只在红罗亭内朝夕寻欢作乐，早把众妃嫔抛在九霄云外。那些妃嫔看到李煜这样的冷落自己，未免心怀怨意，恰巧借李煜填的一首词作为证据，探问大周后疾病的时候，来到中宫，将李煜与小周后的私情，一齐告知大周后。

当大周后得知自己清纯的妹妹背着自己与姐夫有了私情后，病情日益加重，不久便撒手尘寰，魂归道山。李煜见周后病故，传旨从厚殡殓，附葬山陵，谥为昭惠皇后。

自此以后，小周后便陪伴李煜在宫中，帮李煜分忧解愁，渡过难关。开宝元年，即公元968年，也就是大周后病逝的后一年，李煜正式举行婚礼，又一次用皇家规格最高的仪仗迎娶小周后。自此，李煜再也不管朝政大事，日日与小周后游览金陵美景，变成闲云野鹤，只是吟诗作对，与小周后继续过着才子佳人的生活。

公元970年，即北宋开宝二年，周薇终于成为正式的国后，史称小周后。其时南唐内外交困，久被国事折磨的李煜只有在小周后的柔情和妩媚下才感到自己的生活仍有乐趣可言，但这使他更不理国政，整日与小周后等女宠混迹在一起。

五年之后，北宋向南唐发动了全面进攻，不久金陵失陷，南唐灭亡。李煜成了亡国皇帝。他按照北宋的要求，率领王公后妃、百官僚属经过数月的艰难跋涉，来到开封，朝觐北宋皇帝赵匡胤，得到了一个带有极大侮辱性的封爵"违命侯"。

亡国后的李煜又是牢骚又是情绪激昂地填词，消息传到了赵光义的耳中，那首著名的《虞美人》终于令赵光义勃然大怒，顿起杀机。不久，一杯毒酒便解决了这位才子皇帝。

古代贤明的君王用礼乐来引导民众，最终能使民众和谐相处；而昏君却是要在靡靡之音中使自己的欲望得到满足，这种做法违背礼乐的正道，因此他也将会很快灭亡。正如《乐记》中所说，治世之音安以乐，其政和；乱世之音怨以怒，其政乖；亡国之音哀以思，其民困。不妨加一句，败国之音淫以靡，其民惑。君王好此，必荒废朝政，必道德沦丧，必影响臣民，如此，不亡国何待！一个国家，部分民众玩物丧志犹可教育，倘若全国皆如此，那真是礼崩乐坏，国将不存啊！

第一章 以礼治国，以礼救国
——晏子原来这样说治国之道

礼为民纪，失之危道

【原典】

晏子曰：礼者，民之纪，纪乱则民失。乱纪失民，危道也。

【古句新解】

晏子说："礼仪，这就是人民的纲纪法律。纲纪法律乱了，人民就会离心离德。搞乱纲纪、失去人民，这是很危险的道路。"

自我品评

晏子认为，约束民众要靠两样东西——法与礼。有许多事情是难以制定相应的法律的，只能靠礼仪和道德规范去约束。因此对礼仪必须给予足够的重视和支持。

所谓礼，就是高低贵贱有等级之分，长幼上下有辈分之别，贫富尊卑也都各有相应的规定。德行必须与其职位相称，职位必须与其俸禄相称，俸禄必须与其政绩相称。对士大夫以上的公卿贵族，要用礼仪规范来约束其行为；对于平民百姓，则要用刑法制度来统治他们。丈量土地以分封诸侯，计算收益以养育百姓，根据人力而安排事务。要让众人胜任自己的工作，工作要有成效，要能够满足百姓的基本需求，吃饭穿衣等各种生活费用要收支相抵，还要按时贮藏一些富余的粮食财物，这才是符合礼仪制度的做法。上至天子，下到百姓，大小事情都可以此类推。所谓"朝廷中没有无功受禄之辈，百姓中没有不务正业之徒"，说的正是这个道理。征收农业税要轻，关卡、集市免征赋税，控制商人的数量，尽量不要劳民伤财大兴土木，不要误了农时，这样国家自然就富裕了。这就是通过政策的制定和实施来达到富裕百姓的目的。

孔子认为"道之以政，齐之以刑，民免而无耻"，行政命令、刑法这些强制性的手段只能起一时的震慑作用，老百姓不会心服。如果用"德治"、"礼治"的办法，老百姓才会"有耻且格"，服从统治。孔子还特别指出"《诗》三百，一言以蔽之，曰：'思无邪'。"因为此言语言温柔敦厚，哀而不伤，乐而不淫，所以孔子十分重视"诗教"，出于政治的需要，《诗经》往往被断章取义，比附上许多道德观念。"思无邪"的意思就是"思想不邪恶"，也就是不违背周礼。

东汉末年，社会危机日益深重，广大农民与豪强地主及封建国家的矛盾激化。黄巾起义正是在农民斗争蓬勃开展的基础上爆发的。黄巾起义的领袖张角，冀州巨鹿（今河北平乡西南）人，太平道的首领，自称"大贤良师"，以传道和治病为名，在农民中宣扬教义，进行秘密活动。10余年间，徒众达10万，遍布青、徐、幽、冀、荆、扬、兖、豫八州，分为36方，大方万余人，小方六七千人。张角广泛传播"苍天已死，黄天当立，岁在甲子，天下大吉"的谶语。又在各处府署门上用白土涂写"甲子"字样，作为发动起义的信号。中平元年（184，甲子年）初，张角命于三月五日同时起义。于是36方"一时俱起"，众达数十万人。旬日之间，天下响应，京师震动。

统治者要"为政以德"，首先要自己具备良好的品德素质，礼贤下士，谦恭有礼，与下属同甘共苦，自然会得到老百姓的尊重和爱戴，同时也树立了良好的榜样。

春秋时期，秦国有一个国王叫秦穆公，有一次，他不小心把自己一匹宝马弄丢了。那匹宝马跑到一个村庄后，被村民们抓住，但这些村民并不知道这是国君的宝马，便把它给杀了，然后把马肉分给全村人。不久，官差就发现了那帮村民把秦穆公的宝马给吃了，于是就把全村的村民都抓起来。秦穆公知道后说："放了他们吧，怎么能够为

第一章 以礼治国，以礼救国
——墨子原来这样说治国之道

了一匹马而去杀人呢？"而且，秦穆公不但原谅了那些村民，还送来好酒给他们喝，并说："吃了好马的肉，必须喝好酒。"村民们都很感激他，并牢牢记住了他的恩德。后来，晋国攻打秦国，秦穆公被晋国的军队团团围住。就在这危急的时刻，那些当初受过秦穆公恩惠的村民，自动自发地组成敢死队，他们冲进了晋国军队的包围圈，勇猛地杀敌，最后不但把秦穆公给救出来，还顺手把晋国的国王也给俘虏了。

战国时，齐宣王召见了一位叫颜斶的名士，颜斶刚上殿来，齐宣王就傲慢地说："斶，走到我面前来！"颜斶也说："大王，走到我面前来！"宣王不高兴，左右的人更是哗然："大王是一国的君主，你怎么可以这样说呢？"颜斶答道："我走向前去是贪慕权势，大王走到我面前来是礼贤下士。与其让我做一个贪慕权势的小人，不如让大王做一个礼贤下士的君子。"

孔子也曾说："用礼教来统治老百姓，就好比用缰绳来驾驭马，驾马者只需要握住缰绳，马就知道按驾马者的意思行走奔跑。用刑法来统治老百姓，就好比不用缰绳而用鞭子来驱赶马，那样很容易失去控制，甚至把驾马者摔下来。"

卫文子问道："既然如此，不如左手握住缰绳，右手用鞭子来驱赶，马不是跑得更快吗，不然的话，只用缰绳，那马怎么会明白你的意图呢？"

只要善于使用缰绳，驾驭的技术到家，就没有必要用鞭子来驱赶。我们可以看出这实际上说的是儒家与法家的区别：儒家主张德治，以道德和礼教约束民众；法家主张法治，以政令、刑法驱遣民众。德治侧重于心，法治侧重于身。而卫文子的看法，则是德治、法治兼用，儒、法并行。如果我们从实际出发，考察历史和现实，显然还是卫文子的主张比较行得通一些。只是孔子针对当时法家的"法治"路线，提出了"为政以德"。

古代的禹、皋陶等君王，他们还经常放下君王架子，亲自访问贤人，虚心听取意见，以礼接待宾客，救济贫穷的人。

奸邪之人之所以兴起，是因为君主不尊崇、不推行礼义。推行礼义的目的，就是禁止人们为非作歹。当今之君主不尊崇、不推行礼义，百姓自然就会背信弃义、趋附奸邪，这就是奸邪之人兴起的原因所在。况且，君主是臣民的表率，臣民附和追随君主就如同响之应声、影之随形一样，因而君主不能不遵循礼义。对内可以调节个人的情感欲望，对外可以协调万事万物；对上可以让君主无忧，对下可以协调民众。调节内外上下，使之和谐融洽，这就是礼义的本质。因而，治理天下，礼义是根本，其次是诚信。夏禹、商汤正是以礼义为本，取信于民，而使天下大治；夏桀、商纣则弃义背信而致天下大乱。所以，君主必须慎重地对待礼义、诚信，这是做君主的根本。

礼是一个社会"分"、"别"的原则，礼的产生就是为了止争平乱，即解决争和乱的"度量分界"，也就是严格划清尊卑、贵贱、长幼、上下、贫富的界限，确立不可逾越的等级秩序，人人各安其位、各守其分，由此实现社会秩序的井然有序。

礼为民纪，礼不仅是"正身"的标准，更是"正国"的标准，就像用秤来量轻重、用墨线来正曲直、用矩尺圆规来匡方圆一样，人循此标准而行即可"不逾矩"，国循此标准而治即可秩序井然。礼是治国的原则和纲领，礼的作用就在于提供治国的标准或规则。隆礼贵义者其国治，简礼贱义者其国乱。国家没有礼，民众就会乱，就不可能建立起公正合理的社会秩序，最终必将陷入混乱，走向灭亡。

第一章 以礼治国，以礼救国
——晏子原来这样说治国之道

礼之不同，因人而异

【原典】

晏子曰：君子无礼，是庶人也；庶人无礼，是禽兽也。夫勇多则弑其君，力多则杀其长，然而不敢者，唯礼之谓也。礼者，所以御民也；辔者，所以御马也。无礼而能治国家者，婴未之闻也。

【古句新解】

晏子说："君子如果不讲礼仪，就变成了普通人；普通人如果不讲礼仪，就成了禽兽。勇猛的人可以杀死君王，力气大的儿子可以杀死他的父亲，然而他们不敢这样做，只是因为有礼仪约束着。礼仪，这是用来统治管理民众的；辔头缰绳，这是用来驾驭马匹的。没有礼仪而能治理国家，我从未听说过。"

自我品评

俗话说，到哪个山头唱哪支歌。在不同的场合，对待不同的人应该用适合那个场合、那种人的不同的语言和礼仪，这样你才能在人际交往中游刃有余。

一天，一位穷朋友从乡下来到京城皇宫门前求见明太祖。朱元璋听说是以前的老朋友，非常高兴，马上传他进殿。谁知这位穷朋友一见朱元璋端坐在宝座上，昔日的容颜似乎没有多大变化，便忘乎所以地直通通地说："我主万岁！您还记得我吗？从前你我都替人家放牛，有一天我们在芦花荡里把偷来的豆子放在瓦罐里清煮，还没等煮熟，大家就抢着吃，甚至把罐子都打破了，撒了一地的豆子，汤也都泼在泥地上。你只顾满地抓豆子吃，不小心连红草叶子也送进嘴里，叶子梗在喉咙里，苦得你哭笑不得，还是我出的主意，叫你用青菜叶子吞下去，才把红草叶子带下肚里去……"还没等他说完，朱元璋早就听得不耐烦了，嫌这个孩提时的朋友太不顾体面，于是大怒道："推出去斩了！推出去斩了！"

后来，这件事让另外一个穷朋友知道了，心想这个老兄也太莽撞了，于是，他心生一计，信心十足地去见他小时候的朋友，当朝的皇帝。

这个穷朋友来到京城求见朱元璋，行过大礼，便说："我皇万岁万万岁！当年微臣随驾扫荡芦州府，打破罐州城，汤元帅在逃，拿住了豆将军，红孩儿挡关，多亏了菜将军。"朱元璋一听，不禁大笑，他认出了眼前的这人是孩提时的朋友，心中更为此人巧妙地暗示他们小时候在一起玩耍的事而高兴，于是让他做了御林军总管，留在了自己的身边。

前者因为没有注意到朱元璋身份的变化，而仅仅用孩提时的那种礼对待现今的皇帝，终遭杀身之祸；后者懂得因人用礼，既表达了自己的意思，又能得到皇帝的赏识，可谓平步青云，一举两得。

1921年初秋时节，中共早期农民运动主要领导人之一的彭湃戴着一顶"白通帽"，穿着一身白斜纹的学生服和一双胶底鞋，到一个村子去开展农民运动。但是农民看到他这副模样，以为他是来勒税的官儿，都远远避开他。

彭湃检讨反思后，改穿旧粗布衣服，戴着小斗笠，赤着脚，拿着一支旱烟管，装束和农民一模一样，然后进行宣传，效果大不一样。在彭湃的努力下，农民被发动起来，终于在1923年元旦成立了拥有一万人的"海丰县总农会"。

俗话说"入乡随俗"，"到什么山唱什么歌"。不管是教育，还是宣传，必须看对象，要针对不同对象，采取相应的方式、仪态。彭湃对农民的宣传，由不信任到信任，实际上经历了一个复杂的教育和宣传的过程。

当今社会人际关系更加复杂，如何在各种场合、与不同的人用正确的仪态来沟通，不仅能显示你的修养，赢得好人缘，更能让你获得更辉煌的成就。礼仪的表现很多时候体现在言语表达上，我们可以从以下几个角度来选择适当的礼仪：

看性别：性别不同，对礼仪表现的接受也有差别。俄罗斯有一句谚语说："男人靠眼睛来爱，女人靠耳朵来爱。"这就指出性别对于接受是有影响的。无论是言辞涉及的内容，还是言辞表达的程度、声调都如此。

在现实生活的社交场合、会议间隙、公益活动中，人们在礼节性的互致问候之后，往往喜欢三个一群、五个一伙地聚在一起交谈。而这三个、五个的，又总是按性别组合——男士与男士侃，女士与女士谈。我们注意到这样一个情况，男士的话题大而广，女士的话题小而狭。一般说来，男士爱谈的是时事、政治、法律、体育、文化、社会问题、经济动向等；而女士爱谈的则是孩子、丈夫、日常经济、消费心得、风流艳闻等。说话者必须依据性别选择说话内容，努力使自己的言辞仪态吻合接受者性别的需求。

看教养：教养是指接受对象的一般文化和品德水准，包括文化程度、知识积累、生活阅历、涵养气度等。教养层次不同，对说话者言辞的接受程度也不同。有些话说出来，甲听得懂，理解得了，乙就可能听不懂，理解不了，像作家丁玲的小说《太阳照在桑干河上》中的人物——工作组组长文采的演讲，就是没有区分接受对象的教养层次和实际需求，而致使"言者谆谆，听者藐藐"。所以，说话者在进行言辞表达时，要认清自己言辞的接受对象教养层次如何，盲目表达不仅达不到说话的目的，甚至会弄巧成拙，贻笑大方。在现实交往中，从我国现阶段国情看，对接受对象教养的认识，更多的还是文化程度不高、知识欠丰富者。说话者面对这样的接受对象，或一时间不能确定其教养程度时，所使用的言辞应力求通俗化、大众化，那种故作深沉的做法是不可取的。

随着社交范围不断扩大，我们的交际对象也将会有不同国家、不同民族、不同地区、不同阶层的人，要适应交际的广泛性，就要考虑不同文化背景下说话的特点，使我们说出来的话与特定的文化背景协调一致。拿交际场合的称呼语来说，受文化背景的制约就十分明显。各民族在长期的社会发展中，形成了各自的称呼习惯，能使交际对象产生良好的心理效应。如英美人习惯称已婚妇女为"夫人"，未婚女子为"小姐"，在比较严肃的场合，一般统称为"女士"。如果错称已婚者为"小姐"，在比较严肃的场合一般会被谅解，因为西方女性认为这是一个"令人愉快的错误"。但是，在日本妇女一般不称"女士"、"小姐"，而称"先生"，如"中岛京子先生"。

1954 年，周恩来总理出席日内瓦国际会议，为了向外国人宣传中国人民爱好和平，决定为外国记者举行电影招待会，放映越剧艺术片《梁山伯与祝英台》。为此，工作人员专门准备了一份厚达 16 页的说明书。周总理看了后批评说："不看对象，对牛弹琴。"后来，周总理建议说："你只要在请柬上写一句话：请你欣赏一部彩色歌剧电影，中国的《罗密欧与朱丽叶》。"这一变动果然奏效，赢得了外国朋友的赞赏。

礼之不同，因人而异。世界是丰富多彩的，人也是多种多样的，正确地选择语言礼仪，不仅尊重了别人，也让自己在交际中更加受欢迎。卡耐基曾说，人生的成功 30%靠专业知识，70%靠人际关系。而这人际关系，最终体现的不仅仅是技巧，更多的是你这个人是否有礼，是否能针对不同的人，都能让人满意。

礼法既立，率先垂范

【原典】

晏子曰：所求于下者，必务于上；所禁于民者，不行于身。守于民财，无亏之以利；立于仪法，不犯之以邪。苟所求于民，不以身害之。故下之劝从其教也。

【古句新解】

晏子说："要求下面做到的，自己一定先做到；禁止人们去做的，自己一定不去做。保护民众的财产，自己不要因私利而损害他们；立下了法律礼仪，自己不要以邪僻行为去触犯。如果有求于民众，也绝不能为满足自己的私欲损害民众利益。所以，下面的人才会努力听从接受上面的教导。"

自我品评

晏子讲为政之道，很讲究为政者的自我表率作用，强调树立榜样典范的作用。人之为人，在于自觉承担社会和家庭责任，动之以真情、晓之以理义，并以诚挚的礼仪来沟通自己与外面世界的关系，使之达到和谐、自由的理想境界。为人如果没有礼仪，如果不能和他人取得相互理解和信任，进而和谐共处的话，那么，必然会陷入闭塞不通、孤家寡人的孤立境地，很难成就什么事业，更无法实现人生的社会价值。在此基础上，晏子讲要从自身做起，要以身作则，反思自己当下的生活，体察人生之使命，努力实现自己的理想人格。

这个礼仪之行是需要由自身体现出来的。否则，便是空洞的说教，更是言行不一的虚伪。晏子从来都是在身体力行中论述而拒绝空泛的理论探讨，原因就在于此。

东汉末年的曹操曾被人称为"治国之能臣，乱世之奸雄"，古往今来褒贬不一。他在治国治军方面深得将士尊重，因为他深谙管理之道，正人先正己，以身作则。曹操割发代首的典故就说明了曹操正人先正己、自己以身作则的领导美德。

有一次曹操带兵出征打仗，行军途中看到麦田里成熟的麦子，于是下令："有擅入麦田，践踏庄稼者，斩！"命令刚下达，一群小鸟忽然从田间惊起，从曹操马前飞过，那马不由一惊，一声长嘶，径直冲进麦田，将成熟的麦子踩倒一大片。曹操非常心痛，马上拔出佩剑就要自刎，众将慌忙抱住他的手臂，大呼："丞相，不可！"曹操仰面长叹："我才颁布了命令，如果自己制定的法令自己不能遵守，还怎么用它约束部下呢？"说完执意又要自刎。众将以"军中不可无帅"力劝曹操不可自刎。这时，曹操便抓起自己的头发，用剑割下一绺，高高举起："我因误入麦田，罪当斩首，只因军中无帅，特以发代首，如再有违者，如同此发。"这样一来，全军上下，人人都小心翼翼起来。骑兵甚至害怕因马匹一时失控狂奔乱窜而丢了性命，也都纷纷下马，用手牵着马走。队伍就这样在麦田边缓缓地向前移动着，无一践踏庄稼者。

这时正忙于收割麦子的百姓们见状，都纷纷称赞曹军："老天保佑你打胜仗！老天保佑曹将军！"见状，曹操心里的兴奋之情不亚于打了一个大胜仗。

领导的"导"有引导、表率的含义，领导者若能身体力行，做出表率作用，则不用严刑苛责，下边的人也能各行其是，无为而治，境内也没有作奸犯科之人。如果为官之人作风不正，则虽有政令却无人遵守，形同空文。

不仅是历史名人能够以身作则，著名的企业经营者土光敏夫身先

第一章 以礼治国，以礼救国
——晏子原来这样说治国之道

示范、以身作则，几十年如一日，从来没有改变过。

日本东芝电器公司是当今世界上屈指可数的名牌公司之一。但是，二十多年前，东芝电器公司因经营方针出现重大失误，负债累累，濒临倒闭。在这个生死关头，东芝公司把目光盯在日本石川岛造船公司总经理土光敏夫的身上，希冀能借助土光敏夫的"神力"，力挽狂澜，把公司带出死亡的港湾，扬帆远航。

土光敏夫就任东芝电器公司总经理后所"烧"的第一把"火"，是唤起东芝公司全体员工的士气，想方设法让每一个人把自己的潜力都发挥出来。

土光敏夫还大力提倡敬业精神，号召全体员工为公司无私奉献。土光敏夫的办公室有一条横幅："每个瞬间，都要集中你的全部力量工作。"土光敏夫以此为座右铭，每天第一个走进办公室，最后一个走出办公室，几十年如一日。从未请过假，从未迟到过。一直到80高龄的时候，他还与老伴一起住在一间简朴的小木屋中。

如今，日本东芝电器公司已经跻身世界著名企业的行列，它与石川岛造船公司同被列入世界100家大企业之中。这与土光敏夫以身作则的管理之道是分不开的。

土光敏夫的一句名言是："上级全力以赴地工作就是对下级的教育。职工三倍努力，领导就要十倍努力。"人是企业之本，是公司的重要资源，实现公司目标要靠全体人员的干劲和智慧。领导如何以身作则，实行科学的人力资源管理对企业的生存和发展具有重要意义。

在我国的一些企业中，虽然也有不少的企业规章制度，但这些制度似乎只是针对普通员工的，对管理者，尤其是中、高层次的管理者，这些规章制度对他们的约束力就少。少数管理者似乎只有监督下级执行规章制度的责任，而没有自己执行规章制度的义务。同时，即使在执行规章制度的过程中，也往往对"疏离者"严，而对亲近者宽，人情干扰了这些管理者的执法。由此，在这些企业中就出现了一批享有法外特权的管理者。这样的管理很难使规章制度落到实处、起到作用，

必将影响企业的生存和发展。

领导者要下属积极地投入工作中，首先自己要有这份热情；不要把私人感情夹在公事中，要永远保持愉快的笑容，这才是领导者的形象。经常愁眉苦脸或者在工作时间跷高双腿看报纸杂志的领导者，是经不起时间考验的。

遇到下属迟到的问题，在责备其上班不准时的时候，先要想想自己是否做到按时上班了。自己都没有做到的事情是无权要求别人做到的，否则会引起下属的不满和不信任。如果遇到下属迟到，有一些微妙的方法可以在无形中改善这种情况。等迟到的下属到来时，跟对方打个招呼后，有意无意地看看手表；如果对方仍无反应的话，也就别再追问。等待他再一次迟到，如与上次的情况一样的话，不妨问他是否居住得很远，然后建议他早些起床。整个过程，勿忘保持友善的笑容；而且声音不要太大，仅对方能听到就可以了，免得他在同事面前感到尴尬，而产生仇恨感。

现实中，很多人只要求别人，却看不见自己的缺点，对人对事习惯采取双重标准。说一套，做一套；台上一套，台下一套。在这种情况下，又怎么能够实现诚信，取信于人呢？古语讲"上梁不正下梁歪"，说的也是这个意思。

礼法既立，率先垂范。所以，领导者要以身作则。当我们要求别人如何如何时，是不是应该先审视一下自己是否符合要求呢？只有以身作则，才能给予正确的引导，增强说服力，赢得众人的拥戴。

恪守其礼，人人相安

【原典】

晏子曰：上若无礼，无以使其下；下若无礼，无以事其上……人之所以贵于禽兽者，以有礼也。人君无礼，无以临其邦；大夫无礼，官吏不恭；父子无礼，其家必凶；兄弟无礼，不能久同。

【古句新解】

晏子说："在上位的人不讲礼仪，就没办法领导他的下属；在下位的人如果没有礼仪，就没办法侍奉上级……人之所以比禽兽尊贵，就是因为人类有礼仪。君王不讲礼仪，就没办法统治国家；高级官员不讲礼仪，下级官吏就会对他不恭敬；父子之间没有礼仪，家庭肯定出凶事；兄弟之间没有礼仪，肯定不能长期和睦生活在一起。"

自我品评

中国自古就是礼仪之邦，孝在礼仪中固不可少。古人对孝非常重视，百姓以孝治家，君主则把礼仪具体化为孝用来治理天下，教化民众。地方大臣举荐人才也是以孝悌作为衡量人才的标准之一，不孝在封建社会是一项很重的罪名，轻则受皮肉之苦，重则被斩首示众。

清代学者陆陇其，原名龙其，字稼书，浙江平湖人，是康熙九年的进士，他先后担任过浙江嘉定和河北灵寿的知县，为官清廉，不仅受到士子百姓的赞颂，也常受到朝廷的表彰。陆陇其做县令时，提倡俭约朴素，以德行教化百姓。如果遇到父亲告儿子不孝，陆陇其不用

威势压人，而是晓之以理，动之以情，往往声泪俱下，劝说其子尽孝。到最后，儿子常常真心悔改，将父亲接回家中，尽孝侍奉。遇有兄弟之间争讼打官司，陆陇其常调查出唆使打官司者，加以杖责，对兄弟则施以教育。兄弟之间常常能够和好如初，不再争讼。

陆陇其清廉公正，为官很有政绩，这与他十分注意言传身教是分不开的。他任灵寿县令的时候，有一次有个老太太控告她的儿子忤逆不孝。陆陇其立刻叫人把老太太的儿子叫到跟前，一看原来这个儿子还未成年，便对老太太说："我官衙中正好缺少个小童，你儿子就暂时留在这里当差，等到有人来接替，我再好好地教育他。"

于是，陆陇其让那少年跟随在自己左右，形影不离。陆陇其有个习惯，就是每天起床后，都毕恭毕敬地站在母亲的房门外，等到母亲一起床，便立即递上洗漱用具，然后再送上早餐。待到吃中饭时，陆陇其侍候在桌旁，给母亲送上好吃的食物，而且总是面带笑容。等到母亲吃饱后，自己才去吃饭。母亲只要有哪里不舒服，陆陇其就悉心加以照料，递药送水，服侍在侧，有时几夜不睡觉也毫无倦意，毫不懈怠，就这样过了几个月。

一天，那少年突然在陆陇其面前跪下，请求放他回自己家去。

那少年哭着说："小人一向不懂得礼节，所以得罪了母亲，现在亲眼看到大人所做的一切，因而感到后悔不已。回去以后我一定痛改前非，尽心侍奉我的母亲！"

古时，如果父母死时未辞官守孝，依旧当官的，被视为大不孝。不但会受到人们的唾骂，而且会受到弹劾罢官的处分。而朝廷如有特别原因，强行要求本应辞官服丧的人回朝做官，则叫"夺情"或"夺情起复"。明朝改革家张居正的父亲去世，理应丁忧三年，但他担心丁忧期间，朝政被政敌控制，于是指使亲信给自己开出了"夺情"圣旨，为此，张居正遭到朝野清流的抨击。

不管你是什么身份，官员、儿子或是其他，只有恪守自己所应该恪守的礼，才会相安无事。对朋友也是一样。

第一章 以礼治国，以礼救国
——晏子原来这样说治国之道

阿拉伯有句谚语说："脚步踩滑总比说溜了嘴来得安全。"不论多亲密的朋友，还是必须有所节制，才不至于坏了交情。在与朋友的交往过程中，你总会发现朋友偶尔犯下这样或那样的错误，那么此时你应当怎样让朋友接受你的意见而不至于把关系闹僵呢？这正是你一展自己社交才能的时刻，也是对你自身素质的一种考验。

明代洪应明说过："攻人之恶，毋太严，要思其堪受；教人以善，毋过高，当使其可以。"意思是说，对待他人的错误，不应当以攻击为能事，方法更不能粗暴，不能刺伤朋友的自尊心。如果自尊心受到伤害，即使你说的和做的再正确，别人也不能心甘情愿地接受，又怎么能达到劝人改过的目的呢？此时展现你的论辩才能就非常重要了。

指责他人之过，需要稍做保留，不要直接地攻讦，最好采用委婉暗示的语言，使对方自觉地领悟，过激的言辞很可能会断送友谊。因此，责人过严的话最好不要说，要说的话，也必须改变语气。总而言之，这其中技巧运用的如何，也正是你社交能力与自身素质高低的一种体现。

不论是多么亲密的朋友，交谈的措辞都不可疏忽，因为谨慎言辞就是一种礼仪的表现方式。朋友关系亲密时就容易不拘小节，不拘小节就容易闹矛盾，甚至危及彼此的交情。许多青年人交友处世常常涉入这样一个误区：好朋友之间无须讲究礼仪。他们认为，好朋友彼此熟悉了解，亲密信赖，如兄如弟，财物不分，有福共享，讲究礼仪太拘束也太外道了。其实，他们没有意识到，朋友关系的存续是以相互尊重为前提的，容不得半点强求、干涉和控制。彼此之间，情趣相投、脾气对味则合、则交，反之，则离、则绝。朋友之间再熟悉、再亲密，也不能随便过头，不讲礼仪，否则，默契和平衡将被打破，友好关系将不复存在。要想与朋友维持良好关系，你就一定要注意改正说话过程中的一些小错误，才能与朋友融洽相处，获得友情。因此我们要注意，对好朋友也要讲礼仪，只有尊重朋友，才能让友谊长久。

和谐深沉的交往，需要充沛的感情为纽带，这种感情不是矫揉造

作的，而是真诚的自然流露。中国素称礼仪之邦，用礼仪来维护和表达感情是人之常情。朋友再亲密也不能忘了以礼相交，千万不要因为趣味相投就陷于松懈或粗心大意，不能彼此尊重的友情只会给双方带来伤害。礼仪并没有特定的界限，但在和朋友长期交往之中，随时注意恪守礼仪与自我节制却是很重要的。一旦逾越了礼仪或失去节制，你也就失去了朋友。

现今还遵守着传统礼仪的人，的确是愈来愈少了。当然，我们说人与人之间讲究礼仪，并不是说在一切情况下都要僵守不必要的繁琐的客套和热情，而是强调人与人之间相互尊重，不能跨入对方的禁区，要恪守自己的礼。这就要看你是否真正地了解到了礼仪的本质。

第一章 以礼治国，以礼救国
——晏子原来这样说治国之道

人若好礼，好礼者至

【原典】

晏子曰：君若无礼，则好礼者去，无礼者至；君若好礼，则有礼者至，无礼者去。

【古句新解】

晏子说："君王如果不守礼仪，那么守礼仪的人就会离开君王，而不讲礼仪的人就会前来；君王如果守礼仪，那么讲究礼仪的人就会前来，而无礼仪的人就会离开。"

自我品评

古时候，诸侯给了士人一定的"礼遇"，甚至比士人应受的礼遇更多，在此情况下，人依然可以自贵其德，以"非其招不往"的原则，来平衡君臣关系，他要求招必须合礼。至于"孔子，君命召，不俟驾而行"，则是因其在官之故。这种对自身价值的守护，决定了士出来为朝廷服务与否，主要取决于"治人者"对士是否"迎之致敬以有礼"，有，就可以贡献自己的才智，而"礼貌衰，则去之"。只有那些不为了一点小利就放弃自己操守的人，才有可能"进以礼，退以义"，担负起救援"天下溺"的重任。

燕昭王收拾了残破的燕国以后登上王位，他礼贤下士，用丰厚的聘礼来招募贤才，想要依靠他们来报齐国破燕杀父之仇。为此他去见郭隗，说："齐国乘人之危，攻破我们燕国，我深知燕国势单力薄，无力报仇。然而如果能得到贤士与我共商国是，以雪先王之耻，这是我的愿望。请问先生要报国家的大仇应该怎么办？"

郭隗回答说："成就帝业的国君以贤者为师，成就王业的国君以贤者为友，成就霸业的国君以贤者为臣，行将灭亡的国君以贤者为仆役。如果能够卑躬屈节地侍奉贤者，屈居下位接受教诲，那么比自己才能超出百倍的人就会到来；早些学习晚些休息，先去求教别人过后再默思，那么才能胜过自己十倍的人就会到来；别人怎么做，自己也跟着做，那么才能与自己相当的人就会到来；如果凭靠几案，拄着手杖，盛气凌人地指挥别人，那么供人驱使跑腿当差的人就会到来；如果放纵骄横，行为粗暴，吼叫骂人，大声呵斥，那么就只有奴隶和犯人来了。这就是古往今来实行王道和招致人才的方法啊。大王若是真想广泛选用国内的贤者，就应该亲自登门拜访，天下的贤人听说大王的这一举动，就一定会赶着到燕国来。"

昭王说："我应当拜访谁才好呢？"郭隗说道："我听说古时有一位国君想用千金求购千里马，可是三年也没有买到。宫中有个近侍对他说道：'请您让我去买吧。'国君就派他去了。三个月后他买到了千里马，可惜马已经死了，但是他仍然用五百金买了那匹马的脑袋，回来向国君复命。国君大怒道：'我要的是活马，怎么用五百金买了一匹死马？'这个近侍回答说：'买死马尚且用五百金，更何况活马呢？天下人一定都知道大王您愿意买马，千里马很快就会有人送到了。'果然不到一年，三匹千里马就到手了。如果现在大王真心想要招纳贤士，就请从任用我郭隗为开端；我尚且被重用，更何况那些比我更有才能的人呢？他们难道还会认为千里的路程太遥远吗？"

于是昭王为郭隗建造房屋，并拜他为师。不久后，乐毅从魏国赶来，邹衍从齐国而来，剧辛也从赵国来了，人才争先恐后集聚在燕国。昭王又在国中悼念死者，慰问生者，和百姓同甘共苦。燕昭王二十八年的时候，燕国殷实富足，士兵们快乐安逸但不惧怕战争。于是昭王任命乐毅为大将军，和秦国、楚国以及三晋（赵、魏、韩）联合策划

第一章 以礼治国，以礼救国
——墨子原来这样说治国之道

来攻打齐国。齐国战败，齐闵王逃到国外。燕军又单独痛击败军，一直打到齐都临淄，掠取了那里的全部宝物，烧毁齐国宫殿和宗庙；没有被攻下的齐国城邑，只剩下莒和即墨。

在君臣关系中，"以位，则子，君也；我，臣也；何敢与君友也，以德，则子事我者也，奚可以与我友"。如果从"达尊"的标准看，爵固然是值得尊敬的理由，但那种尊贵，导致的必然是"侍奉"的关系，而非"友"的平等关系；如果从"德"的标准看，士人因着知识、德性等因素，可以为天子之师，"天子不召师，而况诸侯乎"，君臣关系被颠倒过来，依然是"侍奉"的关系，只是"侍者"已变成了"被侍者"，因而依然不可能出现平等的"友"的关系。因而，无论是从德、还是从位这两个方面看，君臣关系永远不可能出现平等的关系，有的只是上下侍奉关系。在这种情况下，"君欲见之，召之，则不往见"，不正是一种"礼"的行为吗？看来，在士人敢于叫价的时代，在君臣交往中，君欲见贤人，除了自己主动之外，除了给贤士应有的礼遇外，是不可能见到自己所想见的人的，必须"以道见"贤人。

三国时期刘备与诸葛亮这一对搭档，也可以算得上"君使臣以礼，臣事君以忠"最为典型的例证。

千古流传的"三顾茅庐"是刘备求才的佳话，因为它展现了刘备的求才之心切，爱才之德盛，更重要的是礼数感人。也正因为有刘备三顾茅庐，后来才有诸葛亮的"鞠躬尽瘁，死而后已"。

刘备"三顾茅庐"那种诚心求才、重才、礼才的态度确实令人感动。刘关张兄弟三人"一顾"时，关羽、张飞两人都有点不耐烦了。急性子的张飞说："既然不见，自归去罢了。"刘备说："且待片时。"又等了片刻，确实无望，关羽说："不如且归，再使人来探听。"兄弟三人这才离去。"二顾"时，张飞开始发脾气了："量一村夫何必哥哥亲自去，可使人唤来就是了。"刘备劝说一番，三人又一同出发，结果还是没见着。"三顾"时，关羽张飞都十分不高兴，关羽话说得很轻却落得很重："兄长两次亲往拜谒，其礼太过矣。想诸葛亮徒有虚名而实无学识，故避而不见，兄何惑于斯人之甚也！"张飞则更按捺不住，准备动武："量此村夫，何足为大贤！这次不烦哥哥去，他如不来，我只用一条麻绳将他捆来！"但是刘备却意念坚定，一面责备张飞的鲁莽，一面对关羽说："不然，昔齐桓公欲见东郭牙野人五反而才得一面，何况吾欲见大贤耶？"为了求得诸葛亮，别说"三顾"，就算再多一点次数他也会坚决地去请的。

因为刘备器重诸葛亮，尊敬诸葛亮，礼遇诸葛亮，所以诸葛亮不仅在刘备生前竭忠尽职，在刘备死后，诸葛亮更是以仲父之身、慈母之心辅佐后主刘禅。

诸葛亮在家喻户晓的《出师表》中写道："先帝不以臣卑鄙，猥自枉屈，三顾臣于草庐之中，谘臣以当世之事，由是感激，遂许先帝以驱驰。"一面感慨流涕，一面响亮地提出"鞠躬尽瘁，死而后已"的口号以示忠心。辅佐后主的时候，面对着刘备东征失败后的情形，诸葛亮稳定秩序、恢复经济、重振军威的担子特别重，他不辞劳苦，注重依法治国，严明法纪，而且大力实行"务农植谷、闭关息民"的政策，整修水利，奖励农耕，使蜀国经济在很短的时间内，又有了一定的恢复和发展。为成就刘备统一中原的遗愿，诸葛亮更是不顾年老体弱，六出祁山，北伐曹魏，直至抱终天之恨，病逝于北伐前线。

礼义备而君子归之。俗话说，人以群分，物以类聚。人若好礼，好礼者至。诸葛亮鞠躬尽瘁追随、报答刘备，充分体现了"臣事君以忠"，当然，这是以刘备"使臣以礼"为前提的。正是因为刘备的礼贤下士，以礼待人，四方之士才前来投奔；倘若不知礼也不用礼，那么有礼有才之士定不会前往，相反在你周围的定是粗鲁无礼之辈。

第一章 以礼治国，以礼救国
——晏子原来这样说治国之道

礼折其谋，可以救国

【原典】

晏子曰：礼之可以为国也久矣，与天地并立。君令臣忠，父慈子孝，兄爱弟敬，夫和妻柔，姑慈妇听，礼之经也。君令而不违，臣忠而不二，父慈而教，子孝而箴，兄爱而友，弟敬而顺，夫和而义，妻柔而贞，姑慈而从，妇听而婉，礼之质也。

【古句新解】

晏子说："礼可以治理国家，由来已久了，礼与天地可以说是同时存在的。君主发令、臣子尽忠，父亲慈爱、儿子孝顺，兄长爱护、弟妹尊敬，丈夫和蔼、妻子温柔，婆婆慈祥、儿媳听话，这一切，就是礼的根本。作为国君，发布命令而不能有失误；作为臣子，一定忠诚而不能有二心；作为父亲，慈爱必须结合教育；作为儿子，孝顺的同时还必须谏诤规劝；作为兄长，爱护弟妹还必须友善；作为弟弟，恭敬兄长还须顺从；作为丈夫，和蔼而又要坚持原则；作为妻子，温柔还要贞洁；作为婆婆，慈祥而又不专权；作为儿媳，顺从而委婉。这些是礼的本质。"

自我品评

礼者，国之本也，只有国之上下皆按其礼，君臣之间、臣臣之间，以礼行事，不失国体，则外可以御敌，内可以安国。正如古语所说，三寸之舌，可抵百万之师。

完璧归赵的故事，相信大家都不陌生，然而大多数人仅仅看到蔺相如的勇敢多谋，却往往忽视了他所采取的方法。这里，蔺相如就借一礼而救赵。

蔺相如在到秦国之前，就已经知道秦君乃不守信义之人。此次所谓的以一十五座城池交换和氏璧，定然有诈。蔺相如估计秦王只不过以欺诈的手段假装把城池划给赵国，实际不能得到，就对秦王说："和氏璧是天下公认的宝贝，赵王敬畏大王，不敢不献出来。赵王送璧的时候，斋戒了五天。现在大王也应斋戒五天，在朝堂上安设'九宾'的礼节，我才敢献上和氏璧。"秦王估计这种情况下，终究不能强夺，就答应斋戒五天，把蔺相如安置在广成宾馆里。蔺相如猜想秦王虽然答应斋戒，也必定违背信约，不会把城池补偿给赵国，就打发他的随从穿着粗布衣服，怀揣那块璧，从小道逃走，把它送回赵国。

秦王斋戒五天后，就在朝堂上设了"九宾"的礼仪，延请赵国使者蔺相如。蔺相如来到朝堂，对秦王说："秦国自从秦穆公以来的二十多个国君，不曾有一个是坚守信约的。我实在怕受大王欺骗而对不起赵国，所以派人拿着璧回去，已经从小路到达赵国了。再说秦国强大而赵国弱小，大王派一个小小的使臣到赵国，赵国会立刻捧着璧送来。现在凭借秦国的强大，先割十五座城给赵国，赵国怎么敢留着璧而得罪大王呢？我知道欺骗大王的罪过应该处死，我请求受汤镬之刑。希望大王和大臣们仔细商议这件事。"

秦王和大臣们面面相觑，发出无可奈何的苦笑声。侍从中有的要拉蔺相如离开朝堂加以处治。秦王就说："现在杀了蔺相如，终究不能得到和氏璧，反而断绝了秦、赵的友好关系。不如趁此机会好好招待他，让他回赵国去。难道赵王会因为一块璧的缘故而欺骗秦国吗？"终于在朝堂上接见蔺相如，完成接见的礼节，送他回赵国去了。

蔺相如可谓是有勇有谋，利用遵从礼仪这一说辞，为自己赢得了时间，才有机会让随从"完璧归赵"。而且显得不卑不亢，足以抵百万之师。如果君臣之间礼度失控，臣子以下乱上，那么国家定是摇摇欲坠。

第一章 以礼治国，以礼救国
——晏子原来这样说治国之道

东汉末年，外戚与宦官交替专权，外戚强大，威胁皇权，皇帝则依靠宦官除掉外戚势力，宦官得势，又飞扬跋扈，卖官鬻爵，欺压良善，政治腐败，民不聊生。人们无法生活，便爆发了黄巾起义。朝廷无力镇压，便允许地方州府私人养兵镇压。黄巾起义被地主联合镇压下去，中央对地方的控制力也大大削弱了。宦官外戚勾心斗角，都想控制皇帝。中央的两股势力斗来斗去，没有心思力量去控制下面。州府长官便势力膨胀，集地方财政军事权力于一身，拥兵自重，割据一方。外戚何进欲借边疆董卓势力灭掉宦官。结果宦官与外戚同归于尽。董卓为自立威信废立皇帝。朝中大臣及地方长官不服，于是便有十八路诸侯讨董卓事。董卓残暴，烧杀抢掠，诸侯也各有自己的打算，不过都想借勤王之名发展自己的势力，并不能团结。连年的战争、灾荒、瘟疫使生产力受到极大的破坏，"白骨露于野，千里无鸡鸣"。人们都要求结束战乱。董卓专权期间，皇帝上朝他可以不跪，且只有他一人可佩剑，众臣平身需要他同意。君臣失礼，皇帝只是一个傀儡，东汉政权四分五裂，终难统一。

齐景公年间，晋平公想要攻打齐国，先派范昭去齐国观察情况。景公设宴款待范昭，斟酒给他喝，喝酒喝得正畅快时，范昭说："请让我用您用过的酒杯吧。"景公吩咐侍从说："把我的酒杯斟上酒，送给客人喝。"范昭接过酒杯饮完后，晏子马上命令侍者说："撤掉这只酒杯，另换一只杯子。"侍者为范昭准备好新换的大杯和小杯。范昭假装喝醉了，心中很不高兴，站起身来要跳舞，对乐官太师说："能为我演奏成周的音乐吗？我给你们跳舞。"太师回答说："盲臣我没有学习过（成周之乐）。"范昭很不高兴地快步离席而去。

景公对晏子说："晋国是大国，派人来是察看我国的政治情况，现在您激怒了大国的使者，该怎么办呢？"晏子回答说："从范昭的为人看，并不是知识浅薄不懂礼节的人，他这样做的目的是想试探我们君臣的态度，所以我拒绝了他。"

景公又对太师说："您为什么不给客人演奏成周的音乐呢？"太师

033

回答说:"成周的音乐,是专门为周天子演奏的音乐,如果演奏这种音乐,一定要君王随之而起舞。现在范昭不过是个臣下,却想要用天子的音乐为他跳舞伴奏,所以我不为他演奏。"

范昭回到晋国,把这些情况禀报给平公,说:"齐国不可以攻打。我想试探其君主的态度,却被晏子识破了;我想违反它的礼乐制度,却被太师看出来了。"于是晋国取消了攻打齐国的计划。

后来孔子听到这件事后,说:"事情办得很高明!人们常说在宴席之上、吃饭饮酒之间,能挫败千里之外的敌人,说的就是晏子吧!太师也参与了这件事情(他也有功劳)。"的确,只有依礼而为,才能达到和谐之境。礼可治国,亦可救国。

礼仪之用，简易为适

【原典】

晏子曰：古者圣人，非不知能繁登降之礼，之规矩之节，行表缀之数以教民，以为烦人留日，故制礼不羡于便事。

【古句新解】

晏子说："古代的圣人，并不是不知道怎样把升降揖让之礼搞得尽量繁琐、把各种规矩制定得尽量严格、把各类奖罚标准立在民众面前以教育民众，而是觉得这样做会使人麻烦且耽误时间，所以圣人制定礼仪只为便利而不要多余。"

自我品评

晏子认为，礼的本质不在繁多，而在简易，符合实际，提倡节俭朴素而反对讲究奢侈排场。

中国自古就称礼仪之邦，其实这言不虚，翻开古代《礼记》，其中的礼仪之说，真可谓是冗繁复杂。不说别的，单单就丧葬之礼便可见一斑。

《礼记》说，人死之后，身必归土，就成了鬼魂，子女只有行孝道，鬼魂才能安宁。孟子说，只有施行了应有的礼节，才能算得上真正的尽孝，荀子也说，父母在世的时候，对他们很重视，但父母死了之后，就对他们轻慢了，这是很无知的，是奸人之道，叛逆之心也就更大了。古人提倡重丧，除痛哭流涕之外，还要做到形销骨立，厚葬成风。

哭泣无时，不相更代，披缞系绖，垂下眼泪，住在守丧期所住的倚庐中，睡在草垫上，枕着土块。又竞相强忍着不吃而任自己饥饿，衣服穿得单薄而任自己寒冷。使自己面目干瘦，颜色黝黑，耳朵不聪敏，眼睛不明亮，手足不强劲，因之不能做事情。人死了，哀惋痛惜，人之常情。祭奠以作永远的告别，居丧以告慰逝者的英魂，活着的人能从这些仪式中感受到人世的温暖和亲情。丧葬的本义是人道。但具体的丧葬行为，却与人道相悖甚远。古时，王公大人办理丧葬，必定是大棺套中棺，皮革裹三层，随葬的璧玉准备好，加上戈剑鼎鼓壶大盆，刺绣衣服和白练，车马的缨络上万件，车马女乐也都准备齐全，还必定要除清墓道，修建的陵墓比山陵还要高。如此巨额的钱财是从何而来？自然是用百姓的血汗换来的，就这样轻易地埋到地下，更加剧了百姓生活的贫困。现在，有的人不以古人为鉴，并做出一些错上加错的蠢事。有权的迫令职员下属为自己过世的亲人披麻戴孝；有钱的大肆修陵凿墓，不知用这些钱来为社会多行善事。这足以令人深省。古时候居丧的方式，更无人道可言。无论是否真的哀痛，也无论是否心甘情愿，都必须按既定的程式行事：哭泣不分昼夜以致声咽，披麻戴孝痛哭流涕，守在墓旁边的茅屋里，睡在茅草上并枕着土块，还要相互强制着不进食而挨饿，少穿衣服而受冻，弄得脸色又黑又黄，消瘦不堪，耳朵听不清，眼睛看不明，手脚无力，不听使唤。

《礼记》记述丧礼的要求，父母死后，孝子应该穿着斩绒（音"衰"）衣服丧，披麻戴孝。《周礼》上说，君王设祭的时候，用粱，大夫用稷，士用稻。在营造坟墓时，天子所用的树为松，坟高三仞，诸侯则一半。汉代之时，人们讲究厚葬，尽管没有哀痛之心，但注重奢侈，因为厚葬，死者亲属扬名于世，所以后人经常效仿，有的人甚至卖屋厚葬。厚葬之风，在古代也已经相当盛行了，考其原因，是孝的文化思想推动的缘故。

按照丧礼，国君、父母、妻子、长子死了，要服丧三年；伯父、

第一章 以礼治国，以礼救国
——墨子原来这样说治国之道

叔父、兄弟死了，要服丧一年；族人死了，要服丧五个月；姑、姊、舅、甥死了，都有几个月的丧期。这些都是应该废止的。早在二千多年前，圣者墨子就对此痛加指责：厚葬在王公大人家中，棺木必定要多层，葬埋必定要深厚，随葬的文绣必定要繁富，坟墓必定要造得高大；这种情况在匹夫贱民家里也存在，他们竭尽全力不惜倾家荡产；在诸侯豪族家中，死人身上装饰着金玉珠宝，裹束着丝绸绶带。并把车子、马匹埋葬在墓穴里，还要多多制造帷幕帐幔，钟鼎和鼓、几筵、酒壶镜鉴、戈矛宝剑、羽旄旗帜、象牙皮革，将这些东西放到死者寝宫一起埋掉，内心才满足。至于生者陪死者而葬，天子、诸侯死了杀掉的殉葬者，多的几百，少的几十；将军、大夫死了杀掉的殉葬者，多的几十，少的也有好几人。若此风盛行，国家必定贫穷，人口必定减少，刑法政事必定紊乱，生命将在这样血腥的习俗中变得灰暗无光。

到了西汉后，法律认可居丧之期定为三年，在社会上大力推行了起来。这里就有必要提到"丁忧"，丁就是人丁、子女，父母生了子女，就是添丁。既然子女要为父母守孝三年，那么，在朝廷里做官的人，就要请假回家服丧，这就是"丁忧"。"丁忧"也叫做"丁艰"，古礼规定，在三年丁忧期间，做官是不可以的，应酬更不可以，只能在父母的坟前搭个小棚子守墓，不能唱歌弹琴，不能吃肉喝酒，睡草席，枕砖头，吃的是粗茶淡饭，穿的是素衣，不得洗澡、剃头、刮胡子，这样才算克尽孝道。

人难免有一死，或重于泰山，或轻于鸿毛。但无论是泰山或是鸿毛，死后却都一样，都是化作一股轻烟、一堆白骨。人来自于自然，又回归于自然，这是自然的法则。但有些人却不信这个，偏偏要与自然规律较劲儿，总想弄个长生不老、不死之类的，所以中国古代炼丹术特别发达，寻求长生不老的人也特别多。实在抗不过死，怎么办？那就搞厚葬，活着用不尽了，死了也要带着走。仔细想来，这些人在世时并没好好地生活过，一心想的是死后怎么办，该住什么样的墓室，穿什么样的衣服，睡什么样的棺材，如何使那一堆臭肉十年百年不烂，等等。于是，年纪轻轻就为自己修墓穴，把金银财宝大批大批地往土里面埋，把自己的家奴、仆人杀掉陪葬。这些人活着总在想死，死后还害人。这些人能是吃不饱、穿不暖，上无片瓦、下无寸土的贫苦百姓吗？厚葬之风，一害自己，二害他人，实不该有。鼓吹厚葬的人，要么是权欲熏天；要么是财迷心窍、腐化堕落；要么是讨王公大人的欢心，捞几个赏钱，反正没一个是心理正常的人。这最后一类比前两类更为可恶。自己并不富有，却鼓吹厚葬，很有些在富人面前摇尾巴的味道。对广大贫苦百姓来说，则又是一种麻痹和腐蚀，让穷人放松警惕，以为富人的荒唐有理，以为富人的举动值得羡慕，跟着眼馋跟着心热。然而厚葬居然能成为一种风俗和潮流，可见流毒之深。

晏子把严格礼仪视之为无任何治国之用的繁文缛节，把奢求音乐歌舞视之为劳民伤财，把厚葬久丧视之为以生害死，这三件事本也是圣明之人所禁止的。

近代以来，文物出土不时爆出轰动性消息，不少人为发现了一座又一座古墓而奔走相告，这实在是中国人的悲哀。在一具具殉葬的幼童骨骸面前，我们还高兴得起来吗？厚葬在近代已不像古代那么盛行，但流毒未曾肃清，因而在某些物质丰富而精神匮乏的地区，又有死灰复燃之势。厚葬之俗曾害了我们无数的祖先，难道还能让它继续害我们的后代吗？

现今已没有古时候的丧葬仪式了，但实质上相仿的东西，是否还在束缚着我们呢？

第二章 重民爱民，薄赋省刑
——晏子原来这样说待民之道

民者，社稷之本也。有人说，最能体现国家良心的就是对普通人民的态度。一个为政者的执政者，只有时刻为民着想，为民谋福利，减轻人民负担，才能赢得人民的拥戴。因此，国家在制定法纪，实施政策，执行法律之时，一定要公正公平，坚持依法行事，不欺压民众，不滥施刑罚。国家的各项发展也都离不开人民的支持，只有兼顾这些，才能使国家长治久安。

第二章 重民爱民，薄赋省刑
——晏子原来这样说待民之道

君不杀民，上下离心

【原典】

晏子曰：古之贤君，饱而知人之饥，温而知人之寒，逸而知人之劳。

【古句新解】

晏子说："古代贤明的君王，自己吃饱了还能知道有人在挨饿，自己穿暖了还能知道有人在受冻，自己安逸了还能知道有人在劳累。"

自我品评

古人曰：得人心者得天下，失人心者失天下。处在上层的统治者，如果不能体察民情，只顾一己之享乐，忘乎所以，那么上下离心则必然断裂，人民是不会灭亡的，衰败灭亡的只能是上层背离民众的人。

西周第十个国王厉王，是一个贪婪残暴的君主。厉王好利，他任命"好专利而不知大难将至"的荣夷公为卿士，实行专利。所谓专利，就是专山林川泽之利，把原来公有的山林川泽据为己有，不许人民采樵渔猎。厉王实行专利，触犯了社会各阶层的利益，失掉了王室贵族和统治集团的支持，损害了广大平民即"国人"的利益，使他们忍无可忍，纷纷议论和抨击厉王暴政。厉王把国人的议论诬蔑为"诽谤"，特请卫国巫师来监视人民，侦察国人的私议，并按他的旨意，假托神灵，指控国人"谤王"，进行杀戮。国人敢怒而不敢言，路上见面，以目示意。厉王自鸣得意地说："我有办法消除诽谤，现在都不敢议论了!"召公劝他说:"防民之口,甚于防川。把水堵上,一旦溃决,伤人更多。"厉王根本不听劝谏,继续一意孤行。厉王的三年高压统治,终于激起了声势浩大的武装起义。公元前841年,国人冲进王宫,厉王狼狈出逃,渡过黄河,逃到彘(今山西霍县)。厉王的太子静逃到召公家中,起义者包围了召公的家,要他交出太子静。召公让自己的儿子冒充太子静,交给起义者杀死。参加这次起义的是以平民为主体的各阶层群众。国人暴动是我国历史上有文字记载的第一次大规模的群众性武装暴动。残暴的厉王统治被推翻了。

失民心者失天下,历史已经无数次证明了这点。如果懂得这些,努力去关心人民疾苦,为人民办实事,谋福利,那么也一定会受人民拥戴,甚至流芳千古,受人敬仰。而苏东坡正是这样一位一心为民的人。

公元1061年,时年26岁的苏东坡被任命为"大理评事签书凤翔府(今陕西宝鸡)判官",就是一个掌管文书、佐助州官的"小秘书"。权并不大,但他是以京官的身份"下派"州府当助理的,在同僚中还是说得起话的。一到任上,他就十分关心民生疾苦,明确建议要"多方优裕其民"。

当时北宋的差役很多,其中有一种叫"衙前"。服役的老百姓的职责是替官府押送纲运、保管财物,如果被盗或者损毁是要赔偿损失的。凤翔一带每年要砍伐上好竹木,然后编成竹筏、木筏,从渭河入黄河,给京城开封送去。官府考虑借大水之力好放筏,所以规定每年衙前运竹木的时间,恰巧就在渭水、黄河涨水期间,谁如果不在规定时间运到就要受罚。但是,正因为河水暴涨,经常发生竹木筏颠覆事故,衙前水工被淹死无数,而且造成的损失还要由他们来赔偿。每年因此而致许多服役百姓家破人亡,倾家荡产。

苏东坡了解情况后十分痛心,"如果服役的人根据水情变化选择运送竹木筏的时间,损失就会小得多。为什么非得在河水暴涨的时候运送呢?"于是他建议修订衙规,准许衙前之役可"自择水工,以时进

第二章 重民爱民，薄赋省刑
——墨子原来这样说待民之道

止"。实施之后，取得了"衙前之害减半"的效果，受到凤翔官民称赞，他的改革也得到了朝廷的默许。

而最让凤翔人感激不尽的，是他呼吁免除老百姓欠官府的不合理债务。凤翔府有很多人由于欠官府的债务而被关押，而苏东坡当时的主要工作就是负责催理民欠官的债务。他说，每天用关押、鞭挞等刑罚来催逼欠债之民，不仅让自己心里难受，而且收回的银子也极少。如果那些人确实是因侵盗欺官欠债逾期不还，对其施以刑罚，觉得心中无愧。但是，这些欠钱未还之人欠的大多是"冤枉钱"啊——押送竹木，被风浪颠覆要赔；保管粮食布匹，霉烂损耗要赔。这些损失并非全是当事人的责任造成，何况他们确实也无钱来赔，久而久之成了积欠。朝廷其实也是知道这些情形的，也常常下旨赦免部分债务。

因此，苏东坡在奏折《上蔡省主论放欠书》中气愤地说："天下的老百姓认为地方官员是不敢违背朝廷指示的，但是今天朝廷都已下诏免除积欠，唯独他们不许可，这种行为能够容忍吗？"他请求将老百姓所欠不合理债务一律免除，并把那些被官府关押起来的欠钱之人都放回去，让他们能过上安居乐业的生活。

苏东坡不仅能在他有职有权的时候，用自己的职权为民谋利，而且就是自己无权受困时也依然是情为民所系，心为民所想，特别是当他风烛残年的时候，又被流放到海南岛谪居赋闲。他先是住在儋州官舍里，结果不久便被上司赶了出来，父子俩连个住处都没有，处境十分凄凉。当地百姓见状十分同情，便帮忙在椰树林里盖了几间茅屋给他们居住。尽管周围荒芜，蚊蚋滋生，环境恶劣，但苏东坡总算有了自己的家。他始终以一颗平常心来面对得失进退，以乐观心态化解人生悲欢离合，"任凭他千磨百炼，扬不清沉不浊"。在这里，他克服了重重困难，千方百计办起学堂传播文化。从此，一片蛮荒的海南岛学风大开，人才辈出。从那以后到清代，海南岛一共出了举人767人、进士96人。海南历史上第一个中举人的和登进士的，都曾是苏东坡的学生。

1089年，苏东坡被调到杭州当"一把手"。刚到任，就遇到年久失修的官舍房屋倒塌，压死压伤多人。于是，他请求朝廷拨来钱粮对杭州官舍搞一搞维修。

但是，逐渐熟悉杭州情况的苏东坡发现，这里因连年遭受水旱之灾，人民生活十分困苦。他便马上把准备用来修缮官舍的钱，拿出来买粮赈济灾民。

接着，苏东坡开始从治水上下功夫，力图从根本上解决杭州的水患问题。

首先疏浚"两河"。茅山河和盐桥河流经杭州城中，由于泥沙淤塞严重，带来行船困难和泄洪不畅，因此每隔三五年便要疏浚一次，而每次挖起来的淤泥堆放成了大问题。由于淤泥就近堆放，一旦下雨，冲入河中，又造成淤塞。苏东坡在组织百姓整治"两河"时，把重点放在了控制外江泥沙随潮带进两河上，一方面深掘河道，另一方面对两河水进行分流，用闸抵御外江来沙。从此两河不再有劳民扰民之害了。

在开工前，他又亲临湖上考察。据《杭州府志》记载，在那期间，苏东坡每天都要到现场巡视指挥。有一天，他忙得顾不上回家吃饭，而送饭的人又还未到，"遂于堤上取筑堤人饭器，满盛陈仓米一器，尽之。其平生简率如此。"苏东坡这种与民共甘苦的德行深受人民赞扬。

身处困境而能理解他人之难，容易，但此时还去为别人解难，那就难了；而身处顺境能理解他人的难处就不容易了。只有一心为人民，有一颗贤者的心，与民共甘苦，才会最终赢得人民的爱戴，才会上下齐心。

纵夺皆非，民无所措

【原典】

晏子曰：饰民之欲，而严其听，禁其心，圣人所难也；而况夺其财而饥之，劳其力而疲之，常致其苦而严听其狱，痛诛其罪，非婴所知也。

【古句新解】

晏子说："放纵人民的欲望，却又严厉禁止人民去听、去想，这是圣人也难以做到的；何况夺取人民的财产而让人民挨饿，使人民劳累而疲惫不堪，常常造成人民的痛苦却又严酷地对待人民的诉讼、狠狠地惩处人民的罪错，这是我晏婴所不能理解的。"

自我品评

孙子兵法上说："将者，智、信、仁、勇、严也。法者，曲制、官道、主用也。"意思是说，作为将领，其中一条一定要做到树立威信，执法必严。制定了法规，就要严格执行。

论及严格的制度，人们都会想到军队，这个理论最早就是用于军事战斗的。严格的纪律是一支军队能保持长久战斗力的坚强后盾，也是赢得人民支持的法宝。

孙武来到吴国后很长时间都在隐居著书，写成《兵法十三篇》后找到伍子胥，让伍子胥把他推荐给吴王。而吴王根本就没听说过孙武这人。后经伍子胥反复推荐，仅一个早上就推荐了7次，吴王才答应接见孙武。

　　孙武带着他刚写就的兵法觐见吴王。吴王将兵法一篇一篇看罢，啧啧称好，但忽然产生一个念头，兵法写得头头是道，是否真适合于战争的实用呢？孙武能写兵法，又怎样才能证明他不只是一位纸上谈兵的人呢？吴王便对孙武说："你的兵法十三篇，我已经逐篇拜读，实是耳目一新，受益不浅，但不知实行起来如何，可否用它小规模地演练一下，让我们见识见识？"孙武回答说："可以。"吴王又问道："先生打算用什么样的人去演练？"孙武答："随君王的意愿，用什么样的人都可以。不管是高贵的还是低贱的，也不论是男的还是女的，都可以。"吴王想给孙武出个难题，便要求用宫女来演练。

　　于是，吴王下令将宫中美女180名召到宫后的练兵场，交给孙武去演练。孙武把180名宫女分为左右两队，指定吴王最为宠爱的两位美姬为左右队长，让她们带领宫女进行操练，同时指派自己的驾车人和陪乘担任军吏，负责执行军法。

　　分派已定，孙武站在指挥台上，认真宣讲操练要领。他问道："你们都知道自己的前心、后背和左右手吧？向前，就是目视前方；向左，视左手；向右，视右手；向后，视后背。一切行动，都以鼓声为准。你们都听明白了吗？"宫女们回答："听明白了。"安排就绪，孙武便击鼓发令，然而尽管孙武三令五申，宫女们口中应答，内心却感到新奇、好玩，她们不听号令，捧腹大笑，队形大乱。孙武便召集军吏，根据兵法，斩两位队长。吴王见孙武要杀掉自己的爱姬，马上派人传命说："寡人已经知道将军能用兵了。没有这两个美人侍候，寡人吃饭也没有味道。请将军赦免她们。"孙武毫不留情地说："臣既然受命为将，将在军中，君命有所不受。"孙武执意杀掉了两位队长，任命两队的排头充当队长，继续操练。当孙武再次击鼓发令时，众宫女前后左右，进退回旋，跪爬滚起，全都合乎规矩，阵形十分齐整。孙武让人请阖闾检阅，阖闾因为失去爱姬，心中不快，便托辞不来，孙武便亲见阖闾。他说："令行禁止。"

第二章 重民爱民，薄赋省刑
——墨子原来这样说待民之道

一个好的将军治军须严，同样一个负责任的执政者，也应该以严肃的态度来对待人民，无论是推行义务还是保障权利抑或是制定制度，都应该公平公正，严肃认真，任何情况下都不应该朝令夕改、出尔反尔。一面放纵，一面严惩，自然会让人不知所措，而且还会失去民心。

秦国在战国初年，社会经济发生了剧烈的变化。

公元前408年实行"初租禾"，即从力役地租转化为实物地租；公元前378年推行"初行为市"，表明商业交换也开始活跃起来。秦的这种发展，比起关东各国要落后一步，主要原因是由于以王室宗亲贵族为主的贵族封建领主势力十分强大，他们把持国政，制定政策时首先考虑自己的利益，而不是首先考虑国家的利益，"君臣废法而服私，是以国乱、兵弱而主卑"，受到楚、魏两国的侵迫，外交地位很低，不能参加中原各国之盟会，各国都以"夷狄遇之"。公元前361年，秦孝公即位。他是一个很有作为的国君，为改变"诸侯卑秦"的落后局面，使秦国富强起来，下令求贤变法。商鞅应召自魏入秦。商鞅在秦孝公三年（公元前359年）和秦孝公十二年（公元前350年）先后两次变法，

公元前359年，秦孝公任命商鞅为左庶长，准备在秦国实行变法。商鞅为消除秦国的老百姓对新的法律的怀疑，于是令人在国都城南门竖起一根三丈长的木杆，并颁布命令：谁能将木杆拔起，并搬到北门，就能获得奖赏十金。

老百姓觉得不可思议，没有人敢去搬那根木杆。商鞅便将奖赏提高到五十金，终于引来了胆大之人，将木杆挪至北门，果然获得了五十金。在取得人们的信任之后，商鞅才正式颁布新的法令。

在此之前，秦国也做过多次改革，但收效甚微。其原因就是，革新之策制定后，不能严格执行，甚至许多官员淡然视之。而商鞅变法则是考虑到这些，才对症而治，获得成功。

作为企业的管理者，只有做到公正公平，严格执行制度，团体的纪律才能获得有效的维护，团体中的每一个人也才能尽心尽力地去工

作。相反，任何人都无所顾忌地胡作非为，那么整个团队纪律及秩序都将会遭到破坏，整个团队就会失去战斗力。

时至今日，这已经成为决定企业的凝聚力，进而决定企业的执行力，最终决定企业的竞争力的重要因素之一。

莅国立政，不乱益刑。小到齐家，大到治国，负责执法的人，对家人或是大众，都要可信，严格执行既定的法规，不偏不倚。不让民众不知所措，力竭受苦，不随意加大处罚。这样才会赢得拥戴，才会得民心。

第二章 重民爱民，薄赋省刑
——晏子原来这样说待民之道

莅国立政，不乱益刑

【原典】

晏子曰：明君莅国立政，不损禄，不益刑，又不以私恚害公法，不为禽兽伤人民，不为草木伤禽兽，不为野草伤禾苗……勇士不以众强凌孤独，明慧之君不拂是以行其所欲。

【古句新解】

晏子说："英明的君主在治理国家、制定政令时，不轻易减降俸禄，不随意加重刑罚，不以私怨破坏公法，不为禽兽伤害百姓，不为草木伤害禽兽，不为野草伤害禾苗……勇士从来不倚仗人多力强而欺凌弱小孤单的人，明智的君主也不应违背正确原则而随心所欲。"

自我品评

赏罚无绪、随心所欲，是奴隶社会的典型特征之一，因为那是奴隶主专权而没有法律的社会；赏罚不公、有法不依，是封建社会的典型特征之一，因为封建主义给了官员以特权，人治大于法治；赏罚分明、执法必严，是民主进步社会的典型特征之一，因为在这种社会里法治大于人治，任何人也不能倚仗权势擅改法律，真正做到了在法律面前人人平等，人人有主张的权利。所以，纵欲轻诛、随便杀人，绝不仅仅是虐政仁政的问题，而是国家体制的问题；不仅仅是掌权者个人品德问题，而是统治阶层代表谁的利益的问题。

商朝建立后，从仲丁到盘庚的一百多年间，商朝统治阶级内部发生了诸子弟争相代立的长期王位纷争。商朝历史进入中衰时期。为摆脱政治动乱和灾害困扰，商王朝先后五次迁都：仲丁自亳迁于嚣（今河南荥阳）；河亶甲自嚣迁相（今河南内黄）；祖乙居庇（今山东定陶）；南庚自庇迁奄（今山东曲阜）；盘庚自奄迁殷（今河南安阳市）。盘庚迁殷是商代历史的一个巨大的转折点，扭转了商王朝的颓势，走上了中兴的道路，出现了"百姓由宁，殷道复兴"的政治局面。从此，商王朝结束了屡次迁都的动荡岁月，直至商亡再也不曾迁都，迎来了政治、经济、文化发展的新时期。盘庚迁到新邑之后，当时并没有把这个地方叫做"殷"，甲骨文中把它称作"大邑商"，商朝也不称为殷朝。周灭商后，为了表示对商人的轻蔑，便以商都附近商王的田猎区殷原这个"殷"地名称呼商人。于是，商朝也就称为"殷"或"殷商"。这座商朝王都在武王灭纣以后遭到破坏，逐渐废弃，成为废墟，故称"殷墟"。

到了商朝后期，最后一个国王帝辛，叫做纣，是历史上有名的暴君。他荒淫无度，把殷都向南扩大到朝歌（今河南淇县），向北扩大到邯郸、沙丘（今河北平乡东北），在这广大地区修建离宫别馆、苑囿台榭；宠爱美女妲己，终日歌舞，令乐师新作"淫声"，有所谓"北里之舞"、"靡靡之乐"；他还造酒池肉林，酗酒无度。他大肆搜刮民财，粮食装满了巨桥的仓库，无数珍宝堆满了鹿台。他任用奸人，迫害正直的大臣。如重用贪财好利和善于逢迎拍马的费仲，提拔善于挑拨离间的恶来。他罢除贬斥了受人们拥护的贤人商容。他用"炮烙之刑"残害人民，还用其他酷刑残害向他进谏的忠臣。用挖心酷刑处死向他进谏的叔叔比干，逼得向他进谏的哥哥微子逃亡，另一个哥哥箕子虽然装疯也没能免遭囚禁。商纣拒谏饰非，残害忠良，使得朝中大臣、贵族以及诸侯和周边方国也都离心离德。西伯姬昌因看到纣王残暴，暗中叹息几声，便被纣王囚禁在羑（you）里（今河南汤阴县有羑里遗址）。为转移人民的视线，纣王发动对周边方国的连年征战，后又把全部兵力用于对东夷的战争。战争加重了人民的负担，激化了已经尖锐

第二章 重民爱民，薄赋省刑
——墨子原来这样说待民之道

的阶级矛盾。商王朝已经危在旦夕，不可收拾。武王伐纣时，商王朝众叛亲离，军队倒戈，商纣逃回商都，于鹿台自焚而死。

治国如此，治军更是如此。一军的将领如果只凭自己的好恶而随意刑罚士兵，不仅会使军心涣散，甚至会招致反叛之心，而自身亦有杀身之祸。

三国时期的张飞性格暴躁，常乱刑士卒。刘备多次批评他："一者酒后刚强，鞭挞士卒；二者做事轻率，不从人谏。"在入川时诸葛亮郑重叮嘱他："于路戒约三军，勿得掳掠百姓，以失民心。所到之处，并宜存恤，勿得恣逞鞭挞士卒。"张飞待下残暴，并且不听人谏的专横性格，为当时人所共知。为了守好徐州，他向刘备作了保证，"自今以后不饮酒，不打军士，诸般听人劝谏便了。"但是刘备一走，他把自己的保证早丢到脑后去了。他设宴请各官赴席，要众官都要满饮，逼使"天戒"的曹豹也饮了一杯。他大醉后又起身与曹豹把盏，曹豹说："某实不能饮矣。"他胡搅蛮缠地说："你恰才吃了，如今为何推却？"豹再三不饮，他醉后使酒，要打曹豹。曹豹无奈，求他看女婿吕布之面，饶了自己。他大怒说："我本不欲要打你；你把吕布来唬我，我偏要打你！我打你，便是打吕布！"于是将曹豹痛打了一顿。此事的直接后果，是曹豹勾引吕布乘他酒醉袭取了徐州，他在惶恐无地的情况下，几乎以自刎来向刘备谢罪。

张飞的死是最没有价值的，他不是战死疆场，不是马革裹尸，而是死于自己的两个末将之手，死于自己的暴虐性格。他听说关羽被东吴所害，于是旦夕号泣，血湿衣襟。"诸将以酒解劝，酒醉，怒气愈加。帐上帐下，但有犯者即鞭挞之；多有鞭死者。"关怀爱护部下是古今名将的基本品德，吴起、赵奢、李广等无不如此。张飞却反其道而行之。第一次是他在徐州为捉刘岱而鞭打士卒使其通消息于敌。他打士卒方式不同，是故意寻对方一个"错"处，用酷虐的暴行逼使士卒产生背叛投敌思想，被打者是被动的，产生的后果是被逼。第二次是鞭死帐上帐下无错的部下。第三次是鞭打范疆、张达，张飞下令要三军都穿白色孝衣祭奠关羽，并下令要在三日内完成。负责这事的范疆、张达说三日很难完成，便遭张飞杖打，打得他们是血肉模糊，皮开肉绽。后来二人担心真的完不成任务会被斩首示众，便狠心一想，不如先下手杀掉张飞。于是便趁张飞酒醉熟睡之时，二人身带两把短刀，将张飞刺死于床上。刘备前后两次批评他酒后"鞭挞健儿"的暴行，在即位后还特别叮咛他"今后务宜宽容，不可如前"。诸葛亮在入川时对他说的"勿得恣逞鞭挞士卒"，"恣逞"一词很有分量，可见鞭打部下对他来说已是家常便饭。

莅国立政，不乱益刑。手中有权力了，也一定要依法执行，不可乱刑，不可随意刑罚。只有这样，在国则国安，民心所向；在军则军定，士卒拥戴。

第二章 重民爱民，薄赋省刑
——晏子原来这样说待民之道

君宜薄赋，予民以财

【原典】

晏子曰：屈民财者不得其利，穷民利者不得其乐；昔者楚灵王做倾宫，三年未息也。又为章华之台，五年又不息也。乾溪之役八年，百姓之力不足而息也。灵王死于乾溪，而民不与君归。

【古句新解】

晏子说："征尽民财的人，最终得不到利益；耗尽民力的人，最终得不到好处；从前楚灵王修建倾宫，三年没有停止；又修建章华台，连续五年没有停止；楚国与吴国的乾溪之役打了八年，老百姓财尽力竭，再也承受不了繁重的徭役与兵役，于是自动罢工。后来楚灵王在乾溪自缢而死，民众不允许把他的尸体运回都城。"

自我品评

春秋末年，奴隶的普遍逃亡与反抗，使大多数奴隶主被架空，甚至导致一些诸侯国灭亡；生产关系大变更，使中国社会从奴隶制向封建制转化。因此，这时期进步的思想家、政治家甚至部分诸侯也认识到人民的力量，"以民为本"逐渐成为社会的共识，产生了一系列相关理论。以民为本不仅要求统治者有爱民之心，还应该有切实之举，减轻赋税和徭役就很现实。重民爱民，以民为本，并以此为制定政策的基础，这是晏子重要的思想方针。

孔子的政治态度比较保守，因此对待经济制度的改革也反映了保

守的思想。比如鲁宣公十五年（公元前594年）实行"初税亩"，从法律上承认私田的合法地位，是春秋时代的重大经济改革；但是据《左传》说，孔子修《春秋》时记载"初税亩"，目的是批评其"非礼也"。而民众不富足，国君没有富足的。在《论语·尧曰》中还记载，孔子主张"因民之利而利之"，即对民众有利的事情才去做。另一方面，他又主张赋税要轻一些，徭役的摊派不要耽误农时。《论语·述而》记载，孔子还对当时的为政者进行说教，要求为政者不要过于奢侈，要注意节俭。他说："奢则不逊，俭则固。与其不逊也，宁固。"同时，还主张"节用而爱人"。这里面包含了把"仁"的思想运用于经济领域。

在经济上，孟子主张"民有恒产"，让农民有一定的土地使用权，要减轻赋税。仁政的理想最终指向了"王道"，这是孟子政治理想的最高境界。孟子在其著述中精辟地阐述："不违农时，谷不可胜食也；数不入池，鱼鳖不可胜食也；斧斤以时入山林，材木不可胜用也。谷与鱼鳖不可胜食，材木不可胜用，是使民养生丧死无憾也。养生丧死无憾，王道之始也。"减轻人民负担，遵循自然规律，人们丰衣足食，虽死无憾，这就是"王道"。

所谓的王政，除了轻徭薄役，减少刑罚之外，还把对鳏寡孤独，穷民无告者的深切怜悯作为一项重要的内容。孟子清醒地认识到若要使一个国家的百姓有"恒心"则国家必须有"恒产"，否则四民不安。"是故明君制民之产，必使仰足以事父母，俯足以畜妻子，乐岁终身饱，凶年免于死亡。"人们首先能活下来，然后才能言及仁义，这与"仓廪实而知礼节，衣食足而知荣辱"竟然有某些互通之处。因此孟子特别提醒国君们要注意本国的经济生产："五亩之宅，树之以桑，五十者可以衣帛矣；鸡豚狗彘之畜，无失其时，七十者可以食肉矣。百亩之田，勿夺其时，八口之家可以无饥矣。"五亩之宅，百亩之田，八口之家，耕织并重，不夺农时，减轻剥削，老有所养，幼有所教，这就是孟子理想中的王道乐土。

第二章 重民爱民，薄赋省刑
——晏子原来这样说待民之道

孟子的许多设想要比孔子细致精确很多，在王道境界中，俊杰在位，赋税徭役适度，人民丰衣足食，于是对国家也就出于内心的拥护："以德服人者，中心悦而诚服也"。

从经济思想上看，荀况不仅集了儒家的大成，而且也集了先秦各家的大成。荀子有其一家之言"天下尚俭而弥贫"；也是反对墨家"天下尚俭"的越穷越光荣的反经济思想。

韩非子认为民众的本性是"恶劳而好逸"，要以法来约束民众，施刑于民，才可"禁奸于未萌"。因此他认为施刑法恰恰是爱民的表现。容易让人忽视的是韩非是主张减轻人民的徭役和赋税的。他认为严重的徭役和赋税只会让臣下强大起来，不利于君王统治。

由于历史局限性，晏子不可能提出改变剥削制度的方案，但是他从统治阶级的长远利益出发，提出了一套减轻对人民的剥削和压迫，缓和阶级矛盾，巩固政权，安定社会的方案。

晏子主张减轻人民的赋税徭役负担。《晏子春秋》中记载了多条晏子建议齐景公减轻赋税徭役的主张，他多次阐明"重敛于民，民必哀矣。夫敛民之哀而以为乐，不祥，非所以君国者"的观点。他把国家对人民征敛赋税比喻为无底的竹筒，用尽天下生产的粮食也装不满它，即满足不了君主征敛的贪欲。他说："今齐国丈夫耕，女子织，夜以接日，不足以奉上，而君侧皆雕文刻镂之观，此无当之管也。"他认为之所以会发生人民反对君主的叛乱，一个重要的原因是"财货偏有所聚，菽粟币帛腐于困府，惠不遍加于百姓"，即人民创造的财富大部分集中在君主和政府手中，供少数统治阶层挥霍消费，造成广大民众生活贫困，难以存活。他主张征收赋税应当"权有无，均贫富"，即依据拥有财富的多少决定征收赋税的多少，富有者多征，贫穷者少征或不征。此外，晏子还多次建议和敦促君主减轻人民的徭役负担，如暂停长庲之役、路寝台之役、邹之长涂之役等，缓解了人民的负担。他的治国理想是"不以饮食之辟害民之财，不以宫室之侈劳人之力。节取于民而普施之，府无藏，仓无粟"。

秦始皇是中国历史上第一位皇帝，但同时他也是一位残暴的君王，据记载，秦始皇为修建阿房宫征集670万苦役，而且每天十多万苦役日夜不停地修建，而修建的巨大费用则是残酷地强加赋税。下面官员也是层层搜刮民脂民膏，一时怨声载道，民愤四起。阿房宫占地大小方圆300多里，60多万平方米修了4年，从秦朝建立开始到秦朝灭亡才修建了十分之一，而秦朝则仅仅维持了十五年。

征尽民财而使百姓陷入水深火热之中，终不得民心，失民心者自然也就会失去天下。

另外，晏子还主张取消对山泽的禁令，撤销关卡，取消关税，让人民自由地到山林池泽中去狩猎、樵采、捕捞，以解决人民的生计问题；让商人自由贩运货物，买卖商品，促进货物流通，满足人民的生活需求。

第二章 重民爱民，薄赋省刑
——晏子原来这样说待民之道

敛不反民，并非小事

【原典】

晏子曰：厚藉敛不以反民，弃财货而笑左右，傲细民之忧而崇左右之笑，则国亦无望已。

【古句新解】

晏子说："征收很重的税却不反过来为人民办事，浪费财货而与身边的人取乐，无视小民百姓的忧愁，只重视身边左右的享乐欢笑，如此，国家真的没有希望了。"

自我品评

严嵩，字惟中，号介溪，江西分宜人。父亲是个屡次落第的秀才。后严嵩完成父亲的心愿，在他25岁之年中了进士，先后被选为庶吉士以及被授为编修官职，正当他壮志满怀的时候，严嵩得了一场大病，迫使他退官回籍。在严嵩退官的10年，正是宦官刘瑾权倾天下之时。

及后刘瑾与其党羽被灭后，严嵩北上顺天，正式复官。在复官的十多年之中，严嵩先后任职于北京与南京的翰林院，深深理解到权力的重要。在此期间，他学会了口蜜腹剑、欺下媚上的"功夫"，又了解若要得到大权，必定要找个靠山。

明武宗正德十一年（1516），严嵩还朝复官。明武宗驾崩后，明世宗继位。世宗沉迷于道教，整天都与道士们祈求长生不老，对政事漠不关心，朝中的大小事务都交给宠宦处理。当时的礼部尚书夏言得到世宗的宠信，又是严嵩的同乡，于是严嵩就抓紧这个机会，拼命巴结、讨好夏言，成为朝野上下的大红人。

有一次，严嵩在家中设宴，令下人去请夏言，可是夏言谢绝了严嵩的好意，于是严嵩跑到夏言家门前，撩起衣袍，跪在夏府前。夏言见他如此恭敬也不好意思再三拒绝，便到严嵩家中赴宴。

得到如此的机会，严嵩自然十分讨好夏言，在宴席上一边劝酒布菜，一边甜言蜜语，令夏言十分高兴。自此以后，严嵩成为了夏言的知己，并向多方推荐严嵩。有了夏言的引荐，严嵩自此步步高升，更得到在皇帝身边工作的官职。后来，严嵩了解到世宗喜欢被人奉承的心理，于是大展他惊人的逢迎功夫，深得世宗喜爱。

明世宗嘉靖七年（1528），严嵩奉命祭告显陵，归而极言祥瑞，明世宗大喜。几年内先后迁其为吏部右侍郎，进南京礼部尚书，两年后改任吏部尚书。嘉靖十五年（1536），严嵩以贺万寿节至京师。时值廷议重修宋史，遂留京以礼部尚书兼翰林院学士衔主持其事。他善伺帝意，以醮祀青词，取得宠信，加为太子太保。二十一年（1542），拜武英殿大学士。入值文渊阁，仍掌礼部事。后解部事，专值西苑；累进吏部尚书，谨身殿大学士、少傅兼太子太师，少师、华盖殿大学士。严嵩无他才略，唯一意媚上，窃权罔利，专擅国政近20年。士大夫侧目屏息，不肖者奔走其门，行贿者络绎不绝。戕害他人以成己私，并大力排除异己。

此间民不聊生，有语说"百姓骨肉相食，边卒冻馁"。而严嵩及其党羽，利用手中职权，大肆搜刮，强加赋税，中饱私囊。他利用营建皇城之际，巧取皇木为自己建宅院。他还吞没军饷，废弛边防，招权纳贿，肆行贪污，激化了当时的社会矛盾。后因一道士告其罪，而罢免抄家。后经统计，其财惊人：黄金三万二千九百六十九两，银二百零二万七千零九十两有余，玉杯盘等八百五十七件，玉带两百余束。金银玳瑁等带有百二十余束，金银珠玉香环等三十余束，金银壶盘杯

第二章 重民爱民，薄赋省刑
——墨子原来这样说待民之道

箸等二千八百四十余件。龙卵壶五，珍珠冠六十三。甲第六千六百余间。别宅五十七区。田塘二万七千三百余亩。余万不可胜计……又寄贷银十八万八千余两。其总和竟然超过国家岁收和国库所存。

明朝从此便衰落了。其实这也是显而易见的。掌权之人只顾自己享乐，置百姓生死于不顾，国不衰更待何。如果国家能有一批忠心为国，一心为民的人，那将是国之大幸，国家也就有希望了。

有一句掷地有声、铿锵有力、发人深省、余音绕梁近千年而不绝的话，这句话就是：先天下之忧而忧，后天下之乐而乐。

范仲淹是北宋著名的政治家、文学家，史称"宋朝第一人"。他从小出身贫苦，入仕从政后，十分关心民生疾苦。有一年，蝗灾、旱灾蔓延全国，淮南、京东等地灾情严重。当时，范仲淹就请求朝廷巡察赈济，朝廷却置之不理。他十分气愤，冒着丢官甚至杀身之祸质问皇帝宋仁宗："宫中的人如果半天不吃饭，会怎样呢？江淮等地饥民遍野，怎能熟视无睹，不予救济？"皇上无言以对，便派他去安抚灾民。范仲淹每到一地，就开官仓赈济灾民，发官钱救济百姓，并带领群众生产自救。和百姓在一起的日子里，他看到饥饿的人们常常挖一种叫"乌味草"的野菜充饥，尝一尝，粗糙苦涩难以下咽。回京时，范仲淹特意带回"乌味草"，呈献给宋仁宗，请他传示六宫贵戚、朝廷上下，以劝诫他们勿忘百姓之疾苦。

范仲淹带回京城的不仅仅是几棵"乌味草"，个中蕴涵的是他对老百姓的一贯深情。范仲淹在邓州做官时，有一天与官员们登楼宴饮，刚想举杯，突然看见楼下有几个身穿孝服的人，正沮丧地在整理殡葬用具。他连忙放下酒杯，叫人去问，原来是一位穷书生新近病故，朋友们想把他葬在近郊，但一件陪葬物品也没有。范仲淹听罢潸然不语，食不甘味，当即下令撤掉酒席，拿出钱来，叫人好好安葬。罢宴、赠金，算不上造福民生的大功大德，但贵为一方之守的范仲淹，居然为一名穷书生的不幸而情动如此，怎不令人肃然起敬！

"衙斋卧听萧萧竹，疑是民间疾苦声。些小吾曹州县吏，一枝一叶总关情。"范仲淹无论官居何职、身处何地,心里却始终装着"全城人民",舍弃的是"一家富贵"。在故乡苏州任知州时,曾有风水先生向他建议,卧龙街是一块宝地,街南头是龙头、街北头是龙尾,如果在这里修建住宅,子孙可世代为官荣耀千秋。这时,范仲淹却说:"我范家一家富贵,不如苏州的全城人民都富贵。"于是,他让出这块"宝地",修学堂,创办州学,请名师宿儒前来讲课,一时间,苏州州学名冠东南,大批人才脱颖而出,为当地的教育发展作出了贡献。范仲淹晚年在杭州做官时,还用一生积蓄,在近郊购置一千亩良田作为"义田",供贫困而贤惠的老百姓耕作,使他们"日有食、岁有衣"。

范仲淹不仅尽本分为人民办事,更把自己的俸禄也拿来为人民谋福利,比起那些只知厚敛赋税而又鱼肉百姓的人,其光辉日月可鉴。

当下国家税收政策是取之于民,用之于民。国家把征收来的税收用在各个方面来为人民谋福利,如兴建基础设施、健身设施、绿化环境、教育、医疗等等。而且在前些年还实施了免征农业税的政策。正因如此,我们的国家正蒸蒸日上地发展着,逐步立于世界强国之林。

第二章 重民爱民，薄赋省刑
——晏子原来这样说待民之道

度义因民，事事皆成

【原典】

晏子曰：谋度于义者必得，事因于民者必成……夫背义而谋，虽成不安；俴民举事，虽成不荣。故臣闻义，谋之法也；民，事之本也。故及义而谋，信民而动，未闻不存者也。

【古句新解】

晏子说："谋划符合道义的，必会成功；做事依靠人民的，必会如意……那种违反义理的谋划，即使成功了也不会安宁；轻视人民的事情，即使做成了也不光荣。所以我听说：道义，只是谋事的法则；人民，才是做事的根本。紧紧地依据道义谋事，诚恳地忠于民意做事，没有不能成功的。"

自我品评

重民爱民思想是晏子政治思想中最突出、最重要、最具有进步意义的思想。晏子提出"义，谋之法也；民，事之本也"，"谋必度于义，事必因于民"，"谋度于义者必得，事因于民者必成"。他的主要意思是指人民是办成一切事情的根本力量，也就是"事必因于民"的意思。晏子在这里认识到人民的力量是巨大的，是关系到国家政权存亡的关键因素。所以晏子在这里认为，如果统治者能够度义因民，将会事事皆成。

越王勾践的故事已是为人所熟知的，勾践战败后，在自己的地方，全心全意为民办事，众人皆归附于此，后来才一举成功，重建越国。

越王勾践退守到会稽山上，向三军下令说："凡是我父辈兄弟和同姓弟兄，只要有能够帮助我出谋划策打败吴国的，我将和他共同管理越国的政事。"后经过与文种商讨，勾践终于派文种去吴国议和。夫差想听取文种的建议，与越国和好。吴国大夫伍子胥进谏说："不行！吴国与越国，是世代的仇敌，经常打仗；外有三条江水环绕，老百姓没有地方迁移。有吴国就没有越国，有越国就没有吴国。这种局面将不可改变。我听说，住在陆地上的人习惯于住在陆地上，住在水上的人习惯于住在水上。中原各国，即使我们主动进攻，把他们打败了，我们也不能长期住在那里，也不习惯乘坐他们的车子；而越国，我们主动进攻，把他们打败了，我们就能长期住在那里，也能乘坐他们的船。这是消灭越国的有利时机，千万不可失去。大王您一定要消灭越国！如果您失去这个有利的时机，以后后悔就来不及了。"

越国人把八个美女打扮好，送给吴国的太宰，对他说："您如果能够让吴王赦免了我们越国的罪行，还有更漂亮的美人会送给您。"太宰就向吴王夫差进谏说："我听说，古代讨伐一个国家，对方认输也就行了；现在越国已经认输了，您还想要求什么呢？"吴王夫差就与越国订立了盟约而后撤兵了。

勾践对国人说道："我不知自己的力量不够，与吴国这样的大国作对，导致老百姓流离失所，横尸原野，这是我的罪过。我请求你们允许改变治国政策。"于是埋葬已经死去的人，慰问受伤的人，供养活着的人；谁家有忧就去慰问，谁家有喜事就去祝贺；客人要走，起身相送；有客人要来，亲自迎接；凡是老百姓认为不好的事就不去做，凡是老百姓认为应该做而没有做的，就补做。然后恭卑地服侍夫差，派三百个士做吴王的仆人。勾践自己还亲自为夫差充当马夫。

勾践的地盘，南到句无，北到御儿，东到鄞，西到姑蔑，土地面积长宽达百里。又招集他的父辈兄弟发誓说："我听说，古代贤明的国君，四方的老百姓都来归附他，就像水往低处流一样。现在我无能，

第二章 重民爱民，薄赋省刑
——晏子原来这样说待民之道

将率领你们夫妇们繁衍生息。"于是下令：青壮年不准娶老年妇人，老年不能娶青壮年的妻子；女孩子十七岁还不出嫁，她的父母有罪；男子二十岁还不娶妻生子，他的父母同样有罪。快要分娩的人要报告，公家派医生守护。生下男孩，公家奖励两壶酒，一条狗；生下女孩，公家奖励两壶酒，一头猪；生三胞胎，公家给配备一名乳母；生双胞胎，公家发给吃的。嫡长子死了，减免三年的赋税；支子死了，减免三个月的赋税；埋葬的时候还一定要哭泣，就像自己的亲儿子一样。还下令孤儿、寡妇、患病的人、贫苦和重病的人，由公家出钱供养教育他们的子女。那些明智懂礼之士，供给他们整洁的住处，给他们穿漂亮的衣服，让他们吃饱饭，而切磋磨砺义理。前来投奔的四方之士，一定在庙堂上举行宴享，以示尊重。

勾践亲自用船载来稻谷和油脂。越国出游的年轻人，没有不供给饮食的，没有不给水喝的；一定要问他叫什么名字。而勾践不是自己亲自耕种所得的就不吃，不是他的夫人亲自织的布就不穿。这样连续十年，国家不收赋税，老百姓都存有三年的粮食。越国的父老兄弟都请求说："从前吴王夫差让我们的国君在各诸侯国面前丢尽了脸；现在越国也已经忍受够了，请允许我们为您报仇。"勾践就推辞说："从前打败的那一仗，不是你们的罪过，是我的罪过。像我这样的人，哪里还知道什么是耻辱？请暂时不用打仗了。"父老兄弟又请求说："越国全国上下，爱戴国君您就像自己的父母一样。儿子想着为父母报仇，做臣下的想着为国君报仇，难道还有敢不尽力的人吗？请求再打一仗！"勾践就答应了，于是招来大家宣誓，说："我听说古代贤明的国君，不担心自己的人力不够用，担心的是自己缺少羞耻之心。现在夫差那边穿着水犀皮制成铠甲的士卒有十万三千人，不担心自己缺乏羞耻之心，却担心他的士兵数量不够多。现在我将帮上天消灭他。我不赞成个人逞能的匹夫之勇，希望大家同进同退。前进就想到将得到赏赐，后退则想到要受到惩罚；像这样，就有合于国家规定的赏赐。前进时不服从命令，后退而无羞耻之心；像这样，就会受到合于国家规定的

063

刑罚。"伐吴行动果断开始了，越国的老百姓都互相鼓励。父亲劝勉儿子，兄长勉励弟弟，妇女鼓励丈夫，说："谁像我们的国君这样体恤百姓呀，难道不应该为他效死吗？"因此在笠泽打败了吴国，又在没（古地名，在苏州附近）再次打败了吴国，又在吴国郊外再次打败它。于是灭掉了吴国。

无独有偶，三国时期的刘备，正是靠着民心所向，为民而战，才一步步建立蜀汉政权。

建安十三年（公元208年）曹操率大军南下征讨荆州，荆州牧刘表病逝，令其次子刘琮接替荆州牧，刘琮在手下蔡瑁等人的劝说下，将荆州献与曹操，刘备在新野也呆不下去了，只得逃出来，因舍弃不下新野百姓，也怕曹操再次屠城，因此就带上百姓一起转移，渡过长江往襄阳而去。刘备一生以民为重，广施恩义，人心所向。虽在三国时期实力最弱，但后来越来越强，也足以与他国对抗。

民者，本也。以民之义行事，有时虽然需要暂时的委曲求全，但等到时机一到，便会一举而成。治理国家、领导企业、齐整家庭，必须心中有礼有义，这样周围才会有人。义礼与人心往往并行，因为道义与人民利益是一致的。

明君如泽，宽以容人

【原典】

晏子曰：君子如美渊泽，容之，众人归之，如鱼有依，极其游泳之乐。若渊泽决竭，其鱼流动。

【古句新解】

晏子说："君子如同美好的渊潭湖泽，心胸宽广，所以大家都会归附他，就像鱼在渊泽而有所依靠一样，可以尽情游泳欢乐。如果渊潭湖泽决堤水竭，鱼就会都随流水而走了。"

自我品评

自古以来，百姓都希望有明君能够领导他们。晏子在这里也提出了明君的牧民之道：明君如泽。意思是说，君子应该如同美好的渊潭湖泽，心胸宽广，那么就会天下归心。

公元前606年，楚庄王率领军队一举平定了斗越椒的反叛，天下太平。庄王兴高采烈地设宴招待大臣，庆祝征战胜利，并赏赐功臣，美其名曰"太平宴"。

文武百官都在邀请之列，只见席中觥筹交错，热闹异常。到了日落西山，大家似乎还没有尽兴。楚庄王便下令点上烛火，继续开怀畅饮，并让自己最宠幸的许姬来到酒席上，为在座的宾客斟酒助兴。大家本来喝得差不多了，一见美女频频向自己敬酒，都来了兴致，不觉又喝了半个时辰。

突然,一阵大风吹来,宴席上的烛火熄灭了。也许是醉意微醺,也许是看到许姬灿若桃花的笑颜,一个人趁着漆黑,伸手扯住她的衣裙,抚摸她的手。许姬一时受到惊吓,慌乱之中,用力挣扎,不料抓住了那个人的帽缨。她奋力一拉,竟然扯断了。她手握那根帽缨,急急忙忙走到庄王身边,凑到庄王耳边委屈地说:"请大王为妾做主!我奉大王的旨意为下面的百官敬酒,可是不想竟有人对我无礼,乘着刚才烛灭之际调戏我。"

庄王听后,沉吟片刻。许姬又急又羞,催促他:"妾在慌乱之中扯断了他的帽缨。现在还在我手上,只要点上烛火,是谁干的自然一目了然!"

说罢,便要掌灯者立即点灯。楚庄王赶紧阻止,高声对下面的大臣说:"且慢!今日喜庆之日难得一逢,寡人要与你们喝个痛快。现在命令你们统统折断帽缨,把官帽放置一旁,毫无顾忌地畅饮。"

众大臣见大王难得有这样的好心情,都投其所好,纷纷照办。等一会儿点烛掌灯。大家都不顾自己做官的形象,拉开架势,尽情狂欢。

许姬对庄王的举措迷惑不解,仍然觉得委屈,便问:"我是大王您的人,遇到这种事情,您非但不管不问,反而还替侮辱我的人遮丑,您这不是让别人耻笑您吗?以后您怎么严肃上下之礼呢?妾心中还是不服!"

庄王笑着劝慰说:"虽然这个人对你不敬,但那也是酒醉后出现的狂态,并不是恶意而为。再说我请他们来饮酒,邀来百人之欢,庆祝天下太平,又怎么能扫别人兴呢?按你说的,也许可以查出那个人是谁,但是如果今日揭了他的短,日后他怎么立足呢?我不就失去了一个得力助手吗?现在这样不是很好吗?你依然贞洁,宴会又取得了预期的目的,那个人现在说不定如释重负,对你对我感激不尽,以后肯定会对我更效力。"

许姬觉得庄王说得有理,考虑周全,就没再追究。

两年后,楚庄王率领军队讨伐郑国。主帅襄老手下有一位副将叫

第二章 重民爱民，薄赋省刑
——墨子原来这样说待民之道

唐狡，毛遂自荐，愿意亲自率领百余人在前面开路。他骁勇善战，每战必胜，出师先捷，很快楚军就得以顺利进军。庄王听到这些好消息后，面见襄老，要嘉奖他的战绩。襄老诚实地回答说："您要犒赏就重奖副将唐狡吧！要不是他在前面冒死打通层层关口，我军也不会这样顺利。"

唐狡站在庄王面前，腼腆地说："大王昔日饶我一命，我唯有以死相报，不敢讨赏！"

楚庄王疑惑地问："我何曾对你有不杀之恩？"

"您还记得'绝缨会'上牵许姬手的人吗？那个人就是我呀！"

作为君王，能够宽容他人，这样才有更多的贤者投奔。这不仅是给别人一次机会，也是为自己的江山多添一份筹码。

公元前 687 年，齐襄公不理朝政，荒淫无道，以致民怨沸腾，国家大乱。为了避难，鲍叔牙随公子小白流亡莒国，管仲随公子纠逃往鲁国。不久，公孙无知杀襄公自立，后被杀，造成齐国君位空缺。

公子纠和小白听到这个消息都想赶回齐国争夺君位。管仲为了让公子纠当上国君，就带兵埋伏在莒国通向齐国的必经之路上，见到小白乘车而来，就用箭射倒车上的小白。他以为小白必死无疑，就放下心来，带领公子纠慢慢向齐国进发。

实际上，管仲的箭只射在小白的衣带钩上，小白灵机一动，咬破舌头，口吐鲜血，装死骗过了管仲。当管仲离开后，他急忙同鲍叔牙抄近路返齐，昼夜兼程，抢先赶回齐国都城，登上君位，是为桓公。齐桓公于是准备拜鲍叔牙为相，但鲍叔牙极力推辞，并极力推荐管仲。他说：

"管仲从小就是我的好朋友，他有经天纬地之才，如果拜他为相，齐国很快就能强盛。"

齐桓公不高兴地说："管仲差一点射死我，我怎能重用仇人呢？"

鲍叔牙说："当初，管仲是为了让公子纠登上君位才这样做的。国君不可只记私仇，而忘掉齐国的大业，失掉这位难得的人才。"齐桓公见他说得有道理，决定重用管仲。他派人到鲁国，向鲁庄公说："我们国君要报管仲一箭之仇，请把他交给齐国处治。"

鲁国大臣施伯知道管仲回齐后会被重用，将来肯定对鲁国不利，就极力劝阻鲁庄公不要交人。鲁庄公害怕得罪齐国，便命人把管仲装进囚车，送回齐国。

管仲坐在囚车内，归心似箭。他深知自己能够返回齐国是好友鲍叔牙的主意，施展才能的机会就要来了。可是押解囚车的士兵行走速度非常慢，管仲心里着急，担心鲁庄公万一醒悟过来，派兵追赶。他就想了个主意，编了一首名叫《黄鹄》的歌曲，唱给士兵们听。唱了两三遍后，他又教士兵一起唱。士兵们边听边唱，忘记了疲劳，行军速度逐渐加快，只一日半就到了齐国。就在齐国君臣迎接管仲入境的同时，鲁国公子偃也带兵追来了。

原来，鲁庄公突然醒悟，放管仲归齐，等于放虎归山，急忙下令追杀，但已经晚了一步。

后来，齐桓公在管仲的辅佐下，国势日上，成为当时的一大霸主。

君子如泽，其贤归之。唐太宗正是能容人，才有李靖、魏征之贤臣，而后才有大唐盛世。宽以容人，才会团结大多数，共同去实现预定目标。宽容的力量，往往比惩罚更巨大。渊泽深广，故能容纳百川；君子宽容，才能成就事业。

第二章 重民爱民，薄赋省刑
——晏子原来这样说待民之道

仁为德先，不仁难名

【原典】

晏子曰：能足以赡上益民而不为者，谓之不仁。不仁而取名者，婴未之闻也。

【古句新解】

晏子说："能力足以效力于君王并有益于民众，却不肯出来为社会做事的，可以称之为不仁。不仁的人而能成名，我晏婴从未听说过。"

自我品评

古语言：人若传名，或立德，或立功，或立言。"三立"德为首，人人则德为先。非人之善名，小恩小惠而已。

晏子是位实干的政治家，他主张有才能就应该为人类作出奉献。孔子也以为为人就须行仁，就得立于世间，为人类尽力，这是人之为人的责任，不可逃避。世事纷乱，纲常败坏，百姓涂炭，如果做隐士逃避时代，只显示出没有面对现实的勇气，无仁人之心，把自己混同于鸟兽。人是一个社会产物，不与社会接触，忘了社会秩序和形态，已不是真正的人了。况且，做个"避世之士"干净地抛弃这个时代，这是不可能的。我们只有肩负起恢复社会秩序的责任，以天下兴亡为己任，这才符合为人之义。孔子乐意忍受磨难和别人的误解，为明知不可为之事把自己贡献给国家天下，心系天下苍生，行仁人之义。

汤为商部落首领。夏朝末年，商部落逐渐强大，眼见夏桀暴虐，失去民心，汤决心灭夏。桀担心汤势力壮大而威胁自己，便将汤召入夏都，囚禁在夏台。商族又送桀以重金，并贿赂桀的亲信，使汤获释归商。

汤以仁厚收揽人心，争取人民的支持，有一次，他外出游玩，看见一人在树上挂起一张网，然后喃喃自语说："不论天上来的，还是地面来的，凡是从四面八方来的鸟，都飞进网里来。"汤对他说："你太过分了吧，怎么可以这样网尽杀绝呢！你撤掉三面，留下一面的网就可以了。"农民依言照办。汤祝告道："鸟儿啊，你们愿意往左的就往左，往右的就往右，只有不听我话的鸟儿，才飞进网里来。"

商汤"网开三面"的故事在诸侯中很快就传扬开了。诸侯闻之，曰："汤德至矣，及禽兽。"意思是说，诸侯们听说以后，都齐声称颂说："汤是极其仁德的人，对禽兽都是仁慈的。"大家都认为汤是有德之君，可以信赖，归附商的诸侯很快地就增加到四十个。商汤的势力也愈来愈大。

汤历数夏桀的暴虐无道，号召夏的附属小国背弃桀，归附商。对不听他劝告者，就先后出兵攻灭。如葛、韦、顾等夏朝属国，以剪除桀的羽翼。商汤越战越强，十一征而无敌于天下。夏桀陷于孤立的境地。汤还迁都于亳，以此为前进的据点，准备最后攻灭夏朝。

汤还采纳伊尹的建议，停止朝贡夏朝以试夏桀的实力。桀命令九夷族发兵征讨商，这说明桀还能调动东方的九个民族的兵力，汤和伊尹就马上请罪，恢复向夏桀的进贡。

一年后，东方的九个民族忍受不了桀的残暴统治，纷纷叛离，使桀的力量大为减弱，汤和伊尹见时机成熟，就由汤召集部众，出兵伐夏，在鸣条（今河南封丘东）一举歼灭了夏桀，建立了中国历史上第二个奴隶制王朝——商朝，定都亳。

汤建立商朝后，减轻征赋，鼓励生产，安抚民心，使商的势力扩展至黄河上游，成为又一个强大的奴隶制王朝。

第二章 重民爱民，薄赋省刑
——墨子原来这样说待民之道

商汤的所作所为向我们诠释了一个道理：仁为德先，仁义者天下信服。

做一代国君如此，那么，作为个人呢？也应当以仁义立世。

程婴救孤的故事流传已久，想必大家都听过。

晋景公年间，奸臣屠岸贾欲除忠烈名门赵氏。他率兵将赵家团团围住，杀掉了赵朔、赵同、赵括、赵婴齐等全家老小。唯一漏网的，是赵朔的妻子，她是晋成公的姐姐，肚子怀着孩子，躲在宫中藏起来。

赵朔有个门客叫公孙杵臼，还有一个好友叫程婴。赵朔死后，两个人聚到了一起。公孙杵臼质问程婴："你为什么偷生？"程婴说："赵朔之妻正在怀孕，若生下来的是个男孩，就把他抚养成人，报仇雪恨，若是个女孩，我就彻底失望了，只好以死报答赵氏知遇之恩。"

不久，赵妻就分娩了，在宫中生下个男孩。屠岸贾听说了，立刻带人到宫中来搜索，却没有找到赵氏母子的藏身之处。母子俩逃脱这次劫难后，程婴对公孙杵臼说："屠岸贾这次没找到孩子，绝对不会罢休。你看怎么办？"公孙杵臼一腔血气地问："育孤与死，哪件事容易？"程婴回答："死容易，育孤当然难。"公孙杵臼说："赵君生前待你最好，你去做最难的事情。让我去做容易的事情，我先去死吧！"

于是，公孙杵臼假扮医者入宫看病，用药箱把孤儿从宫中偷运出来，交给程婴。程婴含泪将自己尚在襁褓中的孩子抱上，与公孙杵臼一齐逃到了永济境内的首阳山中，让妻子带着赵氏孤儿朝另一个方向逃去。屠岸贾闻之，率师来追。程婴假作无奈只好从山中出来说："程婴不肖，无法保全赵氏孤儿。孩子反正也是死，屠岸将军如能付我千金，我就告诉你孩子的藏身之处。"屠岸贾答应了。程婴领路，终于找到隐匿山中的公孙杵臼和婴儿。

公孙杵臼当着众人的面，大骂程婴，他一边骂一边佯装乞求："杀我可以，孩子是无辜的，请留下他一条活命吧！"众人当然不允。程婴眼睁睁地看着自己的亲生儿子和好友公孙杵臼死在乱刀之下。

程婴带着赵氏孤儿来到了山高谷深、僻静荒芜的盂山隐居起来。

十五年后，知情人韩厥找准机会，劝说晋景公勿绝赵氏宗祀。景公问赵氏是否还有后人，韩厥提起程婴保护的赵氏孤儿。于是孤儿被召入宫中。此时，孤儿已成少年，名叫赵武，景公命赵武见群臣，宣布为赵氏之后，并使复位，重为晋国大族，列为卿士。程婴、赵武带人攻杀屠岸贾，诛其全族。

赵武20岁那年，举行冠礼，标志着进入成年。程婴觉得自己已经完成夙愿，就与赵武等人告别，要实现他殉难的初衷，以及了却对公孙杵臼早死的歉疚心情。他其实也是以一死表明心迹，证明自己苟活于世，绝没有丝毫为个人考虑的意思。赵武啼泣顿首劝阻，终不济事，程婴还是自杀了。

听过这个故事的人，无不为程婴的"仁义"所感动。其实在他这个惊天地泣鬼神的义举背后，更散发着人性良善的光辉。试想一下，如果程婴不是一个善良的人，就不会念朋友之谊，想要抚养赵朔的孩子；如果程婴不是一个善良的人，在使用掉包计的时候，完全可以找别人的孩子当替死鬼。但是善良的他没有这么做，在他的心里，除了责任，就只剩下了对朋友的义。同时，也留下了千古佳话。

仁德为先，不仁难名。那些为国为民的人，或立德，或立功，或立言，都是用其所学，用其之才，为后世留下无穷的财富。而历史上有名的隐士很多，若有能为国家效力，能为百姓办事的，也都被人民所记住。如果只是一味逃避现实，隐居林野，不问世事，其仁何存。人有大能，理应奉献于社会和人民，不然，只能是有能无仁。

第三章 举贤任能，远离谗佞
——晏子原来这样说用人之道

国君应当任用贤德之人为官从政，乃是古代有远见卓识的政治家共同的主张，晏子继承并发扬了这一思想，提出了他的独到见解："举贤任能，远离谗佞。"晏子多次谈到亲近和任用谗佞之人会对国家造成极大的危害，多次引用夏桀、商纣王灭亡的历史教训以说明其危害性。

圣明之行，亲贤远佞

【原典】

晏子曰："其行公正而无邪，故谗人不得入。"

【古句新解】

晏子说："圣王行为公正无私，所以谗小奸人不能靠前被重用。"

自我品评

奸佞之人的最大特征就是两面派——对上一套，对下一套；公开一套，暗里一套；表面一套，心里一套，说的一套，做的一套。心地极为自私、卑鄙、贪婪、奸诈，却表现出清廉、光明、公正、坦诚的样子，而且越是在领导面前，在关键时刻，表现得越卖力。结果是仕途顺利、飞黄腾达、不可一世；值得注意的是奸佞之人代代有，永不绝种。要消除奸佞，首先要消除昏庸，尤其要消除好大喜功、喜听吹捧的领导作风。

"夫以铜为镜，可以正衣冠；以古为镜，可以知兴替；以人为镜，可以明得失。朕常保此三镜，以防己过。今魏徵殂逝，遂亡一镜矣。"提起这一句话都知道，这是在魏徵去世后，唐太宗说的。君臣之间的感情可见一斑。最重要的是，唐太宗是一位明君，魏徵是一位贤臣。

唐朝建立后不久，唐高祖李渊的两个儿子李建成和李世民为争夺皇位继承权展开了激烈的斗争。魏徵原是李建成的主要谋士，曾献策除掉手握兵权的李世民。李世民获悉后发动了"玄武门之变"，消灭了李建成的势力,魏徵作为李建成的余党被抓获。按当时的律例,应当把他处死并株连九族。

但太宗李世民并没有这样做。在审问魏徵的时候,太宗问他:"你为何要为李建成出谋划策,与我作对?"魏徵并无惧色,答道:"人各为其主,可惜太子不听我劝,否则今日胜负尚未可知!"李世民见他机警刚直,是个难得的人才,便不计前嫌,不仅没有治他的罪,反而任命他为谏议大夫。而魏徵也没有因为感谢不杀之恩而对太宗阿谀奉承,只是一心一意辅佐太宗治理朝政,并尽心尽力直言进谏,对太宗经常提出意见和批评,许多意见尖锐激烈,有时甚至把太宗弄得面红耳赤,在众大臣面前下不来台。太宗虽然有时很生气,但他完全明白魏徵的批评是出于一片忠心,为了维护江山社稷的长治久安。因此太宗十分器重魏徵,并在一次酒宴上公开表扬魏徵:"贞观以来,尽心于主,安国利民,犯颜正谏,匡朕之违,唯见魏徵一人。古之名臣,何以如此。"并随即解下佩刀赐予魏徵。

贞观十八年(公元644年),唐太宗执意要攻打高句丽。魏徵对他说:"皇上,何必呢?高丽离我们那么远,而且很会守城,我方补给困难,要战胜他们很难。况且他们每年进贡礼品,又尊称您为天子。"由于魏徵的劝阻,太宗一直没有打,直到魏徵死后,再没人劝得住他,便决定亲征高句丽,结果不出魏徵当年所言,大败而归。唐太宗回到长安之后非常难过,他想如果魏徵还活着,一定不会有今天的败局。并为魏徵新立了一座碑,亲自慰问魏徵的家眷。没想到魏徵的太太却讲了另外一番话:"皇上,您既然提到先夫,就恕我斗胆讲一件事——先夫每天上朝之前,离家的时候都要和我们拉一拉手。我原以为是难舍难分,他却说,拉一下吧,不知道明天还能不能见到你和儿女们。"唐太宗听后流下了眼泪。魏徵每天上朝时都知道自己说话很尖锐,只要太宗一发火,自己难免一死。但魏徵每天仍然提着脑袋去上朝,坚持直言进谏,这样的大臣真是万里挑一啊!

从上面的事例中可以看出,唐太宗具备了重视人才,虚怀若谷,诚心纳谏、任人唯贤、有度量等优秀品质，是一位贤君。他时刻能够保持一颗清醒的头脑，能够亲贤臣，远佞人，实属难能可贵。这也正是唐太宗能成为一代明君的主要原因。

现实生活中有不少被奉承得昏了头的管理者，谁对他毕恭毕敬、阿谀奉承，他就对谁恩宠有加。明智的管理者则不会这样做，他不会中这个圈套，反而会对爱好拍马屁、奉承的下属感到十分鄙视和厌恶。

作为管理者，应当保持清醒的头脑，认清哪些是实事求是的评价，哪些又是阿谀奉承之辞；在阿谀奉承之中，哪些是出于真心而稍稍过分地赞美几句，哪些又是企图通过奉承而达到某种企图。诸如此类，管理者绝对不可糊涂。

有一种难以识破的奉承是应付事的讨好话语。当管理者在征求下属的意见时，有的下属会说些无关痛痒的话来应付。遇到这样的下属，管理者提出问题征求意见，结果将得不到任何解决问题的方法，只能落个空欢喜。

管理者对付阿谀奉承者，可以从以下三方面入手：

1.对待专门奉承领导而无其他能力可言的下属，方法最简单——请君走人。如果他的确是个无能之辈，就该让他走人。况且他还善于阿谀奉承，你的周围有这么一颗不知何时爆炸的"炸弹"，你不会有多少好日子可过。所以，及时让他走人是明智的。

2.对于能力一般而有些爱好奉承的下属，最好给他找个合适的位子。这类人不好简单辞掉，因为他还有一定能力；可也不能委以重任，因为他不仅能力平庸，还爱溜须拍马，若委以重任的话，迟早会坏了你的大事。要做到人尽其才，不光指有效地利用人才，也指恰当地使用这些能力一般而又有某些毛病的人。而且，这类人通常为数不少，是一个不可忽视的群体。

对于这类人要注意批评教育并有针对性地采用不同的方式、方法。要有耐心，不能急于求成。因为毛病的养成不是一朝一夕的事，改正起来也一定不容易。在这个时候，你要格外注重策略，注意态度，争

取从根本上扭转他们的认识，改正他们的毛病。

3.对于那些有较强能力却喜好溜须拍马的下属，你一定要小心对待，因为这些人可能是些巨型"炸弹"，弄不好会造成极大的麻烦。

对待这种人，首先你要依据他们的实际能力而委以相应的职务。起码在他们的眼中，你不能成为不识人才的管理者。这会影响他们干工作的热情，而且也影响其他有才华之人的干劲。

圣明的君主，历史上极少见，原因是要求广而标准高。举凡内政外交、君臣君民关系、自我道德修养等等，无不对君主寄予社会的高度期盼和人民的完美理想。但秦始皇以后的四百多位帝王，或少能不劢，力不从心；或突出一面，顾不及其他；或本身平庸，从无作为；或耽于享乐，辜负社稷；或荒淫无耻，纵欲废国。能属圣明者，凤毛麟角。但是，法乎上者仅取其中，法乎中者仅取其下，人民与社会的要求期望，永远是最好的，而事实上帝王们做不到。这就是为什么历史上人民永远盼明君、盼青天的原因。

做一个圣明的君主，就应该时刻保持清醒的头脑，不被阿谀奉承之流的恭维冲昏头脑，更不能亲近佞人，远离贤者。对今天的领导者而言，更应该以此为戒，只有这样，才能保证团队往好的方向发展。

举语考事，以之求贤

【原典】

晏子曰："举之以语，考之以事，能谕则尚而亲之，近而勿辱。以取人，则得贤之道也。"

【古句新解】

晏子说："通过言谈来选拔，通过行事来考察，能晓喻治国之道的，就尊敬而亲近他，重用而不辱没他。以这样的方法来选取，才是得到贤人的方法。"

自我品评

贤者应该能说能做、有才干而又懂礼仪，这是晏子提出的标准。访求贤人，有很多种方法。访求者（领导者）本身必须明察、公正而无偏私。听其言，观其行，是识别人才时常用的方法之一。因为有些人虽然是语言的巨人，但却是行动的矮子，"只打雷，不下雨"，或者是"雷声大，雨点小"。要想全面公正地考察人才、选拔人才，不仅要听其言，更要观其行。千里马虽在，不是伯乐就不能识别。真有求贤之心，就有求贤之法、选贤之道。

判断人才一定要靠自己，通过自己细心观察其言行识人，而不可仅通过别人的意见或者表面上的一套来判断用人，否则必然会铸成大错。曾国藩就是一个善于以细心观察其言行识人的伯乐。

李鸿章的淮军网罗了不少猛将，有一次，李鸿章想让曾国藩给他们相面，看看他们的潜力。

曾国藩在李鸿章的陪同下悄然来到淮军宿营地对诸将领进行观察，但曾国藩连话都没与这些人交谈，心中便已经判断的八九不离十了。史料中是这样记载的："所来淮军诸名人，有猜拳赌酒者，有倚案看书者，有放声高歌者，有默坐无言者。南窗一人，裸腹踞坐，左手持书，右手持酒，朗诵一篇，饮酒一盏，长啸绕座，还读我书，大有旁若无人之概。视其书，司马迁《史记》也。曾帅归语鸿章曰：'诸人皆可立大功、任大事，将来成就最大者，南窗裸腹持酒人也。'"这个人，就是刘铭传。

还有一个说法，是在"剿捻"期间，关于谁能担任前敌指挥——指挥游击之师，李鸿章"琢磨"不定，向曾国藩推荐了刘铭传和其他两名将领请他定夺。不巧曾国藩散步去了，李鸿章示意那三个人在厅外等候。不久，曾国藩散步回来。李鸿章说明来意，请曾国藩考察那三个人。曾国藩说："不必了，面向门厅、站在左边的那位忠厚老实，办事小心，让人放心，可派他做后勤供应一类的工作；中间那位是个阳奉阴违、两面三刀的人，不值得信任，只宜分派一些无足轻重的工作，担不得大任；右边那位是个将才，可独当一面，将来作为不小，应予重用。"

李鸿章很吃惊，问："还没用他们，您是如何看出来的呢？"曾国藩笑着说："刚才散步回来，见厅外有三个人。走过他们身边时，左边那位低头不敢仰视，可见是位老实、小心谨慎的人，因此适合做后勤供应一类只需踏实、无需多少开创精神和机变的事情。中间那位，表面上恭恭敬敬，可等我走过之后，就左顾右盼，可见是个阳奉阴违的人，因此不可重用。右边那位，始终挺拔而立，如一根栋梁，双目正视前方，不卑不亢，是一位大将之才（即是刘铭传）。"

程学启战死后，刘铭传是淮军当之无愧的第一名将，也是李鸿章最倚重的将领，曾国藩发现的这一个人才，从某种意义上来说，也成就了李鸿章的事业。

当太平军的势力越来越大，清政府所依赖的八旗兵和绿营兵战斗力很差，于是寄希望于各地组织的"团练"。刘铭传这几百人的队伍很

第三章 举贤任能，远离谗佞
——墨子原来这样说用人之道

自然地成为当地办团练者拉拢的对象。

同治元年（1862年），刘铭传率所部加入李鸿章的淮军，这支队伍号称"铭字营"。与淮军中的其他队伍一样，"铭字营"也是依靠宗族关系组织起来的，在这支队伍中，刘铭传职位最高，辈分也最高，这种既是长官又是长辈的关系，使他更容易驱使部下。在参与镇压太平军的战争中，刘铭传受到李鸿章重用，迁升很快，由千总、都司，很快提升为总兵，29岁就擢升为直隶提督，成为淮军名将。他的"铭字营"此时也成为"铭军"，分左中右三军18个营。

1865年（同治四年），随曾国藩镇压捻军。驻河南。连战于瓦店、扶沟等地，升直隶提督。又援湖北，陷黄陂，战颍州（今阜阳），当时捻军以马队为主，刘铭传平原追击不能得手，向曾国藩建议筑长墙为堵，曾遂命令自河南至山东运河，筑起长墙。刘铭传将东捻围困于山东。是年秋，刘铭传设法收买捻军叛徒为内应，枪杀任柱，捻军溃散。赖文光退至扬州被俘，东捻悉平。清廷论刘铭传为"首功"，赐三等轻车都尉世职，刘铭传以伤病请假，回乡休养。

曾国藩去世后，中法战争爆发，法军首先侵略越南北方，又派海军中将孤罢率领远东舰队侵入中国东南沿海，企图侵占台湾为质，迫使清政府屈服。4月，清廷急诏刘铭传进京，授以巡抚衔督办台湾军务。刘铭传上《海防十策》奏折，被采纳，遂赴台抗法，取得最后胜利。1885年（光绪十一年）10月，台湾建省，刘铭传成为台湾第一巡抚。

看人不能只重学历、履历，这些当然是有用的，但却不是绝对的，曾国藩看人不看经历，而是以细心观察其言行来识人，一下子看透这个人的潜力和前途，他亲自为李鸿章挑选部下，不仅帮助李鸿章打开了局面，也增强了他自己的实力。

怎样对人才听其言、观其行呢？作为一个领导者，要想真正了解下属们的才能，就必须遵循下面五项原则。

1. 直接面谈

在谈话前，领导者首先应做好充分的准备工作，掌握下属的背景资料；考虑如何掌握谈话的主动地位，学会怎样从谈话中去观察他的反应。

听其言，观其色，从而能窥视到下属的思想水平，见识的多少。倾听时，要抛开下属的巧言令色，抓住问题的实质。

2. 平时观察

在工作中，多注意下属的言行，比较他们所说与所做是否存在差距，发现问题要及时沟通。平时主要观察下属与哪些人交往甚密？如何控制自己的喜怒哀乐？有什么志向与兴趣？等等。

3. 留心考验

如果要了解一个人的真正品质和才学，要在实践中给他设"局"。这个局可以是一个具有针对性的工作任务，也可以是一次社交活动，从完成的情况来看其是否言行一致。

4. 他人评价

了解一个人，不仅要从正面了解，还要从侧面去打听，可以倾听其他员工对某人的评价。一个人的评价或许太具有主观性，容易出现偏差，要记住"群众的眼睛是雪亮的"，你所得到的信息越多，你对一个人了解得就越透彻。

5. 工作绩效

即使下属说得再好，马屁拍得再多，也离不开一个铁打的准则，那就是工作成绩。工作绩效这项硬指标，是衡量下属优秀与否的根本指标。

作为一位领导者，尤其是高层领导，准确识人，才能促进企业的可持续发展。为了能有效地招揽人才、使用人财，领导者要学会正确地识人，只有如此，才能获取用人的最大效益。

要想做到合理使用人才，要先学会听其言，观其行。不要片面听取别人的意见，要通过自己的细心观察，还要从大处着眼，通观全局，深入了解。对人的考察一定要全面，要去伪存真，兼听众论。只有这样，才能得到真正的人才。

第三章 举贤任能，远离谗佞
——晏子原来这样说用人之道

穷通之别，举贤任能

【原典】

晏子曰："通则视其所举，穷则视其所不为；富则视其所分，贫则视其所不取。夫上士难进而易退也，其次易进易退也，其下易进难退也。以此数物者取人，其可乎！"

【古句新解】

晏子说："通达显赫的人，看他推举提拔什么人，穷愁落难的人，看他不去做什么；富有多财的人，看他财产怎么处置，贫困无财的人，看他不去要什么。上等的官员受任不易而辞官轻松，中等的官员受任容易而辞官也轻松，下等的官员能上不能下，上任高兴而辞官不高兴。以这几个标准考察人，大概可以了吧！"

自我品评

当他官位显赫、手中有权时，要看能否举贤荐能、出以公心；穷困潦倒、地位卑微时，要看能否仍重操守、有所不为；富贵多产、钱财充裕时，要看能否资助他人、关心民众，贫穷困难，即使身无分文时，要看能否有所不取、不偷不盗；一旦为官，或升或降时，要看能否淡泊名利、以平常心对待。考察一个人，一是要在关键时刻、变化时刻、特殊时刻，二是要注意看本质，不被表面现象所迷惑。

职场上，就有许多恃才傲物的人。很多人都听说过少年康熙智除鳌拜的故事，其中的主人公之一、权臣鳌拜就是一个恃能、恃功而骄，

083

并因骄而败的典型。

顺治十八年正月，清世祖福临因患天花去世，遗诏指定八岁的皇三子爱新觉罗·玄烨为帝（康熙帝），并从上三旗中选任四名亲信大臣索尼、苏克萨哈、遏必隆、鳌拜为辅臣，辅佐幼帝，襄理政务。至此，鳌拜以排列第四的位次正式跨入清廷领导核心层。

鳌拜早期就与内大臣费扬古有仇隙。费扬古之子倭赫为御前侍卫，与其他侍卫对四辅臣甚不礼敬。于是鳌拜抓住倭赫等人擅自骑乘御马，又使用御弓射鹿的僭越之罪，将之弃市。费扬古说了几句抱怨的话，于是连坐，并将其子尼侃、萨哈连一起杀死，抄没家产给鳌拜之弟穆里玛。执政初期的鳌拜已染上了多尔衮"顺我者昌，逆我者亡"的恶习。

居辅政四大臣之首的索尼为四朝元老，深受孝庄皇太后的信任与赏识，鳌拜自知无论功劳和声望均为不及。遏必隆与鳌拜同属一旗，又与之交好，遇事同进同退。唯有苏克萨哈，以一等男加一等云骑尉之低爵，班次竟居第二，一旦索尼归天，有可能依次递补，替代索尼总揽大权。另外，黄旗与白旗间宿怨极深，两人遇事常争吵不休。鳌拜利用黄白旗旧有矛盾，制造了圈地事件，以打击苏克萨哈。

圈地事件的胜利，使鳌拜野心急剧膨胀，他开始广植党羽，打击异己，疯狂地攫取权力。康熙六年六月，索尼去世，鳌拜从辅政四臣中一跃为首位。七月，康熙亲政，升鳌拜一等公。鳌拜更加专横恣肆，其亲信占据军政要职不下二十余人。

上帝若要他毁灭，必先让他疯狂。正白旗辅臣苏克萨哈本与鳌拜有隙，在圈地事件杀苏纳海时又得罪了鳌拜，见鳌拜势力日盛，便奏请为先帝守陵，一则可避鳌拜锋芒，以全余生；二则试图以自己退隐的行动迫使鳌拜、遏必隆相应辞职交权。但皇帝毕竟年轻，不理解苏克萨哈的困境和苦心，见他突然申请守陵，便派人询问原因。鳌拜趁机假传圣旨指责苏克萨哈，并操纵议政王大臣会议，颠倒黑白，给他编造"不欲归政"等二十四条大罪，拟将苏克萨哈及其长子内大臣查克旦处以磔刑，余子六人，孙子一人，兄弟之子二人，同旗旗人统领白尔赫图、侍卫额尔得等一律处斩。康熙这才知道鳌拜等人与苏的仇怨，坚持不允所请。鳌拜原本行武出身，性格暴烈，又欺康熙年幼，疾言厉色，挥臂向前，连日强辩。康熙到底是个孩子，被吓得胆战心惊，被迫同意了鳌拜的要求，只将苏克萨哈的磔刑改为绞刑，其余均按原议行刑。至此，鳌拜专权已至巅峰，康熙渐感无法容忍。

害死苏克萨哈后，鳌拜更加肆无忌惮，为所欲为，班行章奏，自列首位。康熙虽已亲政，但鳌拜党羽遍布朝廷各个部门，六大部几乎全是他的人，实权全在鳌拜手中，每有大小事，如任免官员，实施政令等，都先到鳌拜家中议定，再通知康熙施行。每次上朝议事，动辄高声呵斥廷臣，而且主意一定，非得让康熙屈从己意。如其党羽马迩赛死，康熙明令不准赐谥，鳌拜竟不遵行，仍然赐谥。

鳌拜集团的存在，对皇权构成严重威胁，也引起了一些正直的满汉大臣的忧虑。康熙七年九月，内秘书院侍读熊赐履上疏说："朝廷积习未除，国计隐忧可虑。"并引用宋儒程颐"天下治乱系宰相"一语，点明鳌拜对国家的危害。康熙为麻痹鳌拜，便假意下旨斥责，并说要给予处分，暗地里却开始布下捉拿鳌拜的罗网。

最后，在康熙紧锣密鼓的布置下，不可一世的鳌拜束手就擒。鳌拜并非天生的恶人，也不一定生来就骄横，只是在依靠个人能力取得骄人的功绩，手里有了权力之后，便目中无人起来。因能而功，因功而骄，因骄而败，没有几个人能够走得出这个历史的怪圈。因此说，这种人才决不可重用。

英国有一位青年男子叫鲁克。他每天清晨四点钟就到马房工作，当一个薪酬25美元的马夫。他的工作包括清理跑道、铲除马粪、替马梳洗等各种杂事。

很多人问他为什么要做这种小事，他的答复是他喜欢马，也热爱这份工作，希望做驯马师。为了熟悉马的习性，他必须从头学起，于是，他首先到一家赛马场应征，希望获得一份遛马的工作。而上天也很眷顾他，让他如愿以偿地得到了这份工作。几个月之后，他成为负责替马梳洗整理的马夫，这项工作一直做到现在。

鲁克对自己的工作满意极了，满怀感激地投入每一项事情当中。他似乎一点儿也不急于成为驯马师，他认为该学的东西很多很多。

事实上，他已对如何驯马颇有心得，他进赛马场不久，就买下了一匹纯种马，这马儿已经为他赢得了30万美元。从前他替别人照顾马匹，如今则是一心一意照顾自己的宝马，他还专门聘请了驯马师为他驯马。鲁克当马夫仅仅是因为喜欢马，但是他懂得把感恩的心融入工作中，带着激情工作，因此也给自己带来了财富。

事实证明，如果一个员工能够不计报酬，任劳任怨，努力工作。这更有助于企业摆脱不利的局面，使企业无往而不胜。这样的人才，正是企业所需要的。

君子不管处在什么境部况，都能随遇而安，宠辱不惊。受到再大的礼遇，也不会受宠若惊；遭到再大的屈辱，也能处之泰然。不管有钱没钱，都能过，而且过得一样自得其乐。"君子贫穷而志广，富贵而体恭。"富贵的时候不会盛气凌人，不可一世，反而会对他人更加恭敬；贫穷的时候也不会人穷志短，低三下四，失去自信和理想。君子处在上级的位子上，能宽宏仁厚，公正地对待下属；处在下级的位子上，则能恪尽职守，恭敬而谨慎地听从上司。

假如说这个人身处高位，仍能够注意自己修身养性，避免按着自己的主观愿望随意所为，这样的人才可大用。假如说这个人地位卑微，仍能对工作有很高的热情，不以物喜，不以己悲，也是企业所需要的。因此说，用人之道，能力很重要，但个人修为更重要。

用人有道，扬长避短

【原典】

晏子曰："谄谀不迩乎左右，阿党不治乎本朝。任人之长，不强其短；任人之工，不强其拙。此任人之大略也。"

【古句新解】

晏子说："谄媚阿谀的小人，不让他们近在左右；结党营私的野心家，不让他们在朝廷里担任重要职务。任用人时发挥他的长处，不突出他的短处；发挥其擅长之处，不勉强让他做不擅长的工作。这是任用人的基本原则。"

自我品评

人司百业，必各有长短，量才而用，扬长避短，才能保证企业处于尖端领先地位。好的领导不仅要能找到有才能的员工，还要在用人方面做到扬长避短。这是正确用人的不二法门。

美国著名管理学家杜拉克指出："有效管理者的择人任事和升迁，都是以一个人能做些什么为基础的。所以，他的用人决策不在于如何减少人的短处，而在于如何发挥人的长处。"是的，合理使用人才，还要包容人才的短处。人非圣贤，孰能无过？人才也是人，当然也不会例外了。如果认为人才就不会有过错，那可是糊涂认识。如果认为人才有过错就不能用，那更是糊涂了。我们常说知人善用。知在什么地方？就是要知其长处与短处，知道每个人的特点。善在什么地方？善在正确对待其过错，善在能够运用其长处。把握不住这一点，知人善用也就无从谈起。

三国时期的张飞，是个人人都熟悉的名将。但其短处却也不少：脾气暴躁，不分青红皂白，打骂士兵，恶待下属，有时甚至滥杀无辜，酗酒闹事，惹是生非。搞得人人不得安宁。但刘备能用其大节，抑其小节。谁也不能否认张飞是一代名将。

想做一名优秀的管理者，要始终保持一颗平静之心、宽容之心，用实际行动来证明你的优秀。深入了解下属，合理任用人才，才能打造一个一流的团队。

想要做到扬长避短用人，就要先学会识人的长短处，全面知人。

识人用人的第一着眼点是人才的长处，而非短处。正如管理专家杜克拉所说，一个聪明的经理人审查候选人绝不会首先看他的缺点，至关紧要的是看他完成任务的能力。

如果先看一个人才的长处，就能使他充分施展才能，实现他的价值；而先看到一个人的短处，就可能使他的长处也无用武之地。

《水浒传》里面的时迁，论才能，他就是一个小偷，这是他的缺点。所以初上梁山时，他差点被宋江砍了脑袋。

但是，时迁在偷鸡摸狗的缺点之上却有飞檐走壁的长处。后来，梁山好汉与高俅开战，吃了连环马的苦头，幸亏时迁盗取了徐宁的祖传宝甲，顺便也骗得徐宁上山，才帮助梁山好汉获取了胜利。

现代领导管理人力资源时切忌用人混乱，走入管理误区。

如果让急躁粗心的人去做细致的工作，很可能收不到好的效果；没有远见，见识浅薄的人让他当小员工，不能委以重任；性格拖沓柔弱的员工不能独立解决问题，不能让他独当一面。

人各有所长，亦各有所短，只要做到扬长避短，天下便没有不可用之人。管理者用人，要遵循用其所长、避其所短和代短为长的原则。一味盯着下属的短处，必不能放心用人。高明的管理者，善于挖掘下属的优点，激发他们的才智，为己所用。

第三章 举贤任能，远离谗佞
——墨子原来这样说用人之道

如果从人的长处着眼，为使用对象提供和创造良好的条件，让他的长处得到充分的发挥，那么，其日益增长的优势，就会减少劣势所可能带来的影响，或者填补短处的缺陷，进而实现其自身价值；如果从人的短处着眼，用人的短处而不用人的长处，就会使人的长处被其短处所排斥和否定，不能充分发挥作用，甚至断送这个人的前程。因此，看人应首先看他能胜任什么工作，而不是绞尽脑汁挑其毛病。

香港长江实业集团董事局主席李嘉诚曾谈起他的用人之道："我的公司取名长江，就是基于长江不择细流的道理。因为你要有这样的胸襟，然后才可以容纳细流——没有小的支流，又怎能成为长江？这便是古人说的'有容乃大'的道理。假如没有那么多人替我办事，我就算有三头六臂，也没有办法应付那么多事情。所以，成就事业最关键的是，要有人能够帮助你，乐意跟你工作，这是我的哲学。"

大多数人都会有长处，也有短处，应该让其各尽所能，各得所需。李嘉诚曾生动地比喻自己的作用就如战场上的主帅，在战场上，每个战斗单位都有其作用，而主帅未必对每一种武器的操作都比士兵纯熟。但最重要的是，主帅应十分清楚每种武器及每个下属所能发挥的作用。主帅只有明白整个局面，才能出色地领导和指挥下属，使他们充分发挥长处，并取得最好的效果。

李嘉诚广罗天下人才，以诚待人，而正是他身边的一批精英人物，辅佐他成就了大业。在总结用人心得时，李嘉诚曾形象地说："大部分的人都会有部分长处和部分短处，好像大象食量以斗计，蚂蚁一小勺便足够。又像一部机器，假如主要的机件需要用五百匹马力去发动，虽然半匹马力与五百匹马力相比是小得多，但也能发挥其一部分作用。"

仅凭自己的一己之力，能做的事情毕竟有限。即使一个才能出众的人，也无法胜任所有的工作。唯有知人善任的管理者，懂得如何善加使用各种人才，使其发挥自身长处，为己所用，才可共同完成超过自己能力的事情，才能在事业上有一番作为。

在用人所长的同时，还要能容其所短。短处包括两个方面：一是人本身素质中的不擅长之处，二是人所犯的某些过错。在完成任务的过程中，由于种种意想不到的原因，受命者没有很好地完成任务，或出现了失误，这些都是常有的事，管理者不必大惊小怪。对下属的过失，管理者要做客观分析，帮助其认真总结经验教训，避免再犯同类错误。这样才能感动下属，使他们产生有负管理者重托之感，谨慎做好以后的工作。

每个人都有缺点、瑕疵，领导者用人的要诀之一，就是发挥人们的长处，而不是寻求十全十美的"完人"。如果不能见人之长、用人之长，而是念念不忘其短，势必会产生歧视人、压制人的现象。

当今社会，人才辈出，无论是多么精明强干的人才，都有弱点和错误，都有弱项。宽容人才一些非原则性错误，给他们一个广阔的发展空间，就能收到人尽其才、才尽其用的效果。所以说，用人才要量才而用，扬长避短，这样你才能打造出钢铁一般的、尽善尽美的团队。

佞人谄夫，有迹可识

【原典】

晏子曰："藏大不诚于中者，必谨小诚于外，以成其大不诚。入则求君之嗜欲能顺之，君怨良臣，则具其往失而益之。出则行咸以取富。夫何密近不为大利变，而务与君至义者也？此难得其知也。"

【古句新解】

晏子说："那些内心藏着大不忠诚的人，必定谨慎地处处表现小忠诚，以此最终实现他们大不忠诚的目的。他们在朝廷内刻意探求君王的嗜欲而时时表现顺从，一旦发现君王怨恨某良臣，他们就会搜罗良臣以往的各种失误，以增加君王的怨恨。走出朝廷，他们就会倚仗君王威名而索取财富。哪里有与君王关系密近却不为大利所动，反而与君王一道努力去行义的人呢？这些佞人谄夫是很难了解的。"

自我品评

自古以来，有君子必有小人，这是符合辩证法的。何谓君子？何谓小人？一直是争论不一的问题。其实，君子与小人是有迹可识的。

君子是有道德原则的人，是恪守"道""义"的人。这个"道""义"不只是写在纸上的东西，或是挂在嘴上的东西（就像我们现在有些文件上说"原则上"如何如何，其实反倒是在给"不原则"大开方便之门），而是深入他的内心，并且在具体场合和情境下随时遵守和践行的。

李勉是唐朝人，从小喜欢读书，并且注意按照书上的要求去做。时间长了，就成了习惯，培养出了诚信儒雅的君子风度。

他虽然家境贫寒，但是从不贪取不义之财。

有一次，他出外学习，住在一家旅馆里，正好遇到一个准备进京赶考的书生，也住在那里。两人一见如故，于是经常在一起谈古论今，讨论学问，成了好朋友。

有一天，这位书生突然生病，卧床不起。李勉连忙为他请来郎中，并且按照郎中的吩咐帮他煎药，照看着他按时服药。一连好多天，李勉都细心照顾着病人的起居饮食等日常生活。可是，那位书生的病不但没有好转，反而一天天地恶化下去了。看着日渐虚弱的朋友，李勉非常着急，经常到附近的百姓家里寻求民间药方，并且常常一个人跑到山上去挖药店里买不到的草药。

一天傍晚，李勉挖药回来，先到朋友的房间，看见书生气色似乎好了一些。他心中一阵欢喜，关切地凑到床前问："哥哥，感觉可好一些？"

书生说："我想，我剩下的时间不多了，这可能是回光返照，临终前兄弟还有一事相求。"

李勉连忙安慰道："哥哥别胡思乱想，今天你的气色不是好多了吗？只要静心休养，不久就会好的。哥哥不必客气，有事请讲。"

书生说："把我床下的小木箱拿出来，帮我打开。"

李勉按照吩咐做了。

书生指着木箱里面一个包袱说："这些日子，多亏你无微不至的照顾。这是一百两银子，本是赶考用的盘缠，现在用不着了。我死后，麻烦你用部分银子替我筹办棺木，将我安葬，其余的都奉送给你，算我的一点心意，请千万要收下，不然的话兄弟我到九泉之下也不会安宁的。"

李勉为了使书生安心，只好答应收下银子。

第二天清晨，书生真的去世了。李勉遵照他的遗愿，买来棺木，

第三章 举贤任能，远离谗佞
——晏子原来这样说用人之道

精心为他料理后事。剩下了许多银子，李勉一点也没有动用，而是仔细包好，悄悄地放在棺木里。

不久，书生的家属接到李勉报丧的书信后赶到客栈。他们移开棺木后，发现了陪葬的银子，都很吃惊。了解到银子的来历后，大家都被李勉诚实守信不贪财的高尚品行所感动。

后来李勉在朝廷做了大官，他仍然廉洁自律，诚信自守，深受百姓的爱戴，在文武百官中也是德高望重。

毋庸置疑，李勉是一个君子。在他的身上，我们似乎看到了千百年来，正义、善良因君子之为而生，和平、美好、真诚缘君子风范凛然仁立于世。所以，做人应不屑于名与利，遵循道义行事。

而谗佞之人呢？谗佞之人的眼睛牢牢地盯着周围的大小利益，随时准备占点便宜，为此甚至不惜一切代价准备用各种手段来算计别人。

谗佞之人总作君子状。君子本是品格高尚，道德、学问极高之人，且足以为民众之表率。但是有的人却与之不同，他表面上伪装得一副道貌岸然、清高的模样，暗地里却做着违背常伦、伤天害理、阴险狡诈的事情，这样的谗佞之人，一定要远离。

东汉末年，刘备和许汜闲谈，谈到徐州的陈登时，许汜说："陈登文化教养太低，不可结交。"

"你有根据吗？"刘备感到惊异。

"当然有，"许汜说，"头几年，我去拜访他，谁想他一点诚意也没有，不但不理人，而且天天让我睡在房角的小床上。"

刘备笑着说："他这样做是对的。你在外边的名气大，人们对你的要求也就高了。当今之世，兵荒马乱，百姓受尽了苦。你不关心这些，只打听谁家卖肥田，谁家卖好屋，尽想捞便宜。陈登最看不起这样的人，他怎么会同你讲心里话？让你睡小床，还算优待哩。若是我，就让你睡在湿地上，连床板也不给的。"

谗佞之人，更不会心软，一类是为了日后的野心，深深藏起自己的狐狸尾巴，极尽奉承之能事，以讨主子欢心的人；一类是为了投靠

新主子，可以毫不手软地提着旧主子的脑袋去向新主子讨赏的人。

咸丰十一年，曾国藩的得力干将李金炀兵败，落入太平军手中，他的一个部将张光照逃了回来，向曾国藩报告说李金炀投降了太平军。曾国藩半信半疑，在给李鸿章的信里写道："李金炀从贼，狼子野心似无足怪。惟专凭张光照一人供词，则不足据。凡败而先逃者，每好造言诬人，尚当确查。"李金炀的确没有叛变，他被太平军俘获后，争取留下性命，乘机逃了出来。

但李金炀回来后，曾国藩并没有手下留情，他认为李金炀作为主将，战败后没有殉国，就该处以死刑。同时，曾国藩还下令处死了张光照，他认为这个诬陷自己上司的小人，更是罪无可恕。正是对身边小人的提防处罚，使得曾国藩手下将领无不忠心耿耿，最终助他取得功业。

君子与谗佞之人是有很大区别的，但是谗佞之人同时也很精明，很会隐藏自己。但也不是没有踪迹可识。只要领导者平时注意观察，不要听信别有用心之人的谗言媚语，始终保持着一双明亮的眼睛去识人，这样方能找到真正的人才助你事业上的成功。

第三章 举贤任能，远离谗佞
——晏子原来这样说用人之道

谗佞之人，不可不除

【原典】

晏子曰："谗夫佞人之在君侧者，若社之有鼠也。谚言有之曰：'社鼠不可薰去。'谗佞之人，隐君之威以自守也，是难去焉。"

【古句新解】

晏子说："善进谗言的邪佞小人在君王身边受宠，这就好像土地庙社坛中生存着老鼠。民间谚语说：'土地庙的老鼠，不能薰。'那些谗佞小人隐藏在君王威严之下，借君王之威保护自己，这是很难去除掉的啊！"

自我品评

投鼠忌器，是自古以来忠臣贤哲们屡屡发出的感慨。奸佞小人由于有君王的保护，无法除掉，令人无奈也令人扼腕。

自从孔子做了鲁国的大司寇以后，就同季孙氏、孟孙氏、叔孙氏三家大夫商议铲除家臣的势力。孔子说："家臣的势力一大，大夫反倒受他们的压制。必须把他们的城墙改矮，家臣才不敢随便背叛大夫。"三家大夫都表示赞成，于是便通知三位大夫的家臣，让他们将城墙矮下三尺。这几个家臣闷闷不乐，于是他们想起了鲁国名人少正卯，请他出出主意。

少正卯极力反对孔子的主张，说道："为了保卫国家才把城墙砌得又高又结实，不应当改矮。孔先生的这种做法不太合适吧。"由于少正卯在背后挑唆，这几个家臣就壮大了胆子，对主人的命令不再理会。三家大夫见状，便发兵围城迫使家臣就范。由于三家大夫联合行动，讨伐叛臣，季孙氏和叔孙氏的家臣被打败，狼狈逃走。

孟孙氏的家臣公敛阳见势不妙，急忙找少正卯研究对策。少正卯趁机煽风点火，说道："你把守的城邑是鲁国北面的要塞，千万不要把城墙改矮，要是城墙不结实，万一齐国打过来那就守不住了。"

公敛阳受了少正卯指使，态度立刻强硬起来，扬言："为鲁国的安全我宁可丢掉自己的性命，也不会听别人的话拆去城墙一块砖。"

孔子听了这话，便让孟孙氏将这件事告诉鲁定公，鲁定公召集群臣商量此事。会上，意见不一。有的主张拆，有的反对拆，各有各的理由。一向反对孔子的少正卯这时不仅故意顺着孔子的心意，声言赞成孔司寇的主张，应该把城墙矮下三尺去，还乘机挑拨说三家大夫是培植私人势力。孔子及时识破了少正卯的奸计，立即反驳说："这太不像话了，三家大夫都是鲁国的左右手，难道他们是培植私人势力的吗？少正卯明明是在挑拨是非，让君臣上下互相猜疑怨恨。这种挑拨是非，扰乱国家大事的人应判死罪。"

大臣们觉得孔子的话有些偏激，都纷纷为少正卯说情。孔子说："你们怎么知道少正卯的奸诈？他的话听起来好像很有道理，其实都是些坏主意。他的一举一动，看着令人佩服，其实都是假装的。像他这种心术不正的虚伪小人，最能够颠倒是非蛊惑人心，非把他杀了不可。"

孔子最终杀了少正卯。

孔子的弟子子贡事后曾问孔子："少正卯是鲁国的知名人士，先生诛杀了他，恐怕得不偿失吧？"孔子说："人有五种恶行，而盗窃还不包括在内：一是通达古今之变却铤而走险；二是不走正道而坚持走邪路；三是把荒谬的邪理说得头头是道；四是知道很多丑恶的事情不揭露；五是依附邪恶并得到惠泽。这五种恶行沾染了一种，就不能避免被君子所诛杀，而少正卯是五种恶行都兼而有之，他是小人中的雄杰，岂有不杀之理！"

第三章 举贤任能，远离谗佞
——晏子原来这样说用人之道

贤佞不分，国之危亡

【原典】

晏子曰："国有三不祥……有贤而不知，一不祥；知而不用，二不祥；用而不任，三不祥也。"

【古句新解】

晏子说："国家有三种不吉祥的事……有贤德的人国君却不知道，这是一不祥；知道了谁是贤德人却不加使用，这是二不祥；使用贤人却不委以重任，这是三不祥。"

自我品评

我们评论一个国家，往往要看其是否强大、富有、安定、进步。要实现这些，第一重要的是人才。了解人才、使用人才、重用人才，是各级掌权者的第一要务。人才，是理想蓝图的设计者，是自然资源的开发者，是民众力量的组织者，是艰难险阻的开路者，是掌权人的拾遗补缺者。不以人才为重，国家永远难以富强。重用人才的智慧力量，才会使国家和事业永远向上。

齐桓公四十一年，管仲病重将死，齐桓公向他问道："你死之后，群臣中谁可以担当相位？"管仲回答说："了解臣子的莫如君主了，您应该最清楚。"

齐桓公说："易牙最疼爱寡人，他见寡人病了，郎中说要吃小孩肉才能治得好，易牙二话不说就把自己的儿子杀了，熬汤给寡人喝，

果然就把寡人的病治好了，易牙可以当相国！"管仲答道："他为了讨好你竟然杀死自己的儿子煮成肉汤给你吃，一个对儿子都能下毒手的人，哪里谈得上爱国君？不可以。"齐桓公又问："开方为了投奔齐国，从他的祖国卫国来到齐国，连父亲死了都没有回去奔丧，对齐国真是忠心耿耿，他可以当相国！"管仲答道："他为了讨你喜欢，连父亲死了也不回去奔丧，这不合情理，不可以。"齐桓公最后问道："竖刁为了寡人把自己都阉割了，这样忠心不二的人总可以当相国了吧？"管仲摇摇头，回答说："也不行，他为了投靠你割掉自己的生殖器来当宦官，一旦有了需要你又怎么保证他不会对国君动刀子呢？这样的人更不应该当相国。"

　　后来管仲死后，齐桓公不听管仲临终前的劝诫，亲近和重用这三个人。结果他们各自粉墨登场，拉帮结派把朝政搞得一团糟，齐桓公的几个儿子之间相互争权夺利，结果在齐桓公死后，几个公子各自靠着易牙、开方、竖刁相互攻击，根本不管齐桓公的丧事。死尸在床上停了六十七天都无人收殓，滋生的蛆虫一直爬到了宫门之外。

　　一代霸主齐桓公，就是由于没有看清小人的可怕之处，结果死后也不得安生。既然小人如此可怕，我们就必须善于识别他们，及早采取预防措施。

　　因此说，作为统治者也好，作为领导者也好，一定要擦亮双眼，认清谁是贤者，谁是佞人。如果贤佞不分，国将危亡，企业将危亡。

上明下直，以身作则

【原典】

晏子曰："下无直辞，上有隐恶；民多讳言，君有骄行。古者明君在上，下多直辞；君上好善，民无讳言。"

【古句新解】

晏子说："下面的人不敢直言，那是因为上面的人有隐蔽的为恶念头；人民说话有许多忌讳，那是因为君主有骄横的作风。古代明君在位时，下面多敢直言；君主追求美善，人民就没有什么忌讳。"

自我品评

暴君怕揭露，所以禁民之口，不准说实话；昏君怕点明，所以偏爱谄谀，不喜听直言；明君求发展，所以鼓励谏诤，不听信谗言。上有所好，下必甚焉，上行下效，社会就在不同君王的不同作风下显示着不同的风气。但是，防民之口甚于防川，骄横专制只能镇压一时，一旦民愤爆发，暴君昏君所面对的，就不是直言不直言的问题和局面了。

管理者要使自己成为企业中的典范，以身作则，永远都是唤起员工尊敬的不二法门。印度圣雄甘地就说："领导就是以身作则，来影响他人。"这也就是我们常说的"其身正，不令而行；其身不正，虽令不从"。领导者只有以身作则，自己做到了，才可能要求别人这样去做。否则，即使别人迫于压力这么做了，也只能是"人心不服"。领导者的一言一行、一举一动，无不被下属看在眼里、记在心上，领导者的行为影响着下属的行为。"做事先做人，律人先律己，用人先育人"应当成为领导者的信条。领导者既是制度的制定者和推行者，也是制度的执行者和培训者。这就要求领导者在要求下属的同时，更应该严格地要求自己。

据说，有一年夏启与有扈氏大战于甘泽，夏启没能取得胜利，大臣们就请求夏启再战。夏启说："不能再打了，我的地盘已不小，我的子民也不少，却还是不能取胜，这主要是由于我的修养不够、教化不好啊。"

从此以后，夏启睡觉时不铺双层席子，吃饭不要第二样菜，不再听琴瑟之音，不再接近女色，而只注意尊敬长者，亲近宗族，尊重和任用品德高尚、有才能的人。过了一年，天下大治，没动一兵一卒，有扈氏便主动归顺。由此可知，要想战胜别人，就要先战胜自己；要想议论别人的短处，就要先检讨一下自己有没有过失；要想管好下属，就要先管住自己。

领导者要求下属积极地投入工作中，首先自己要有这份热情；不要把私人事情夹在公事中，要永远保持愉快的笑容，这才是领导者的形象。经常愁眉苦脸或者在工作中跷高双腿看报纸杂志的领导者，是经不起时间考验的。

遇到下属迟到的问题，在责备其上班不准时的时候，先要想想自己是否做到按时上班了。自己都没有做到的事情是无权要求别人做到的，否则会引起下属的不满和不信任。如果遇到下属迟到，有一些微妙的方法可以在无形中改善这种情况。等迟到的下属上班时，跟对方打个招呼后，有意无意地看看手表；如果对方仍无反应的话，也就别再追问。等待他再一次迟到，又与上次的情况一样的话，不妨问他是否居住得很远，然后建议他早些起床。整个过程，勿忘保持友善的笑容；而且声音不要太大，仅对方能听到就可以了，免得他在同事面前感到尴尬，而产生仇恨感。

第三章 举贤任能，远离谗佞
——墨子原来这样说用人之道

还有许多领导者都常犯的严重错误就是开会和散会的时间不定，全凭个人心情行事，这是最要不得的。开会时间一经定下，就不能因个人心情而随意改动；须知下属已经刻意安排出那段时间开会，如果你随意改变，将会影响下属的工作进度和情绪。

无论是开会这样的大事，还是鸡毛蒜皮的小事，作为领导者都应该以身作则，换句话说，是领头人就一定要有领头人的样，否则就不要做领导者。企业里制定了种种制度，但是无法保证员工们都照章办事，这是困扰领导者最大的难题。要解决这个难题，方法之一就是领导者自己以身作则。

1. 领导者的自律作用

领导者要在团队中起到先锋模范作用，必须以高标准严格要求自己，因为领导者的工作和生活习惯，会对下属的行为产生十分重要的影响。领导者切不可因为手上有一定的权力，就放松对自己的要求，甚至为所欲为，酿成重大失误。领导者应该高度自律、不断自我反省，提高自己的道德和管理水平，为大家做好表率。

2. 领导者的带头作用

"火车跑得快，全靠车头带"。优秀的领导者应该具备"火车头"和"领头雁"的精神。如果说领导是领头雁，下属就是一个雁队，他们的眼光都紧盯着领头雁，领头雁飞向哪里，雁队就飞向哪里。所以，一旦确立了正确的目标，领导者就要带领下属朝着目标奋力前进，并保证方向不会出现偏差。

振臂一呼、应者云集的领导能力，绝不是一个领导职位就能赋予的，没有追随者的领导，剩下的只是职权威慑的空壳。也就是说，是追随者成就了领导者。领导者总是员工目光的焦点，员工往往会模仿领导者的工作习惯和修养，因此，领导者必须以身作则，养成良好的工作习惯和道德修养。

一个企业的老板就是一个团队的领导者。作为领导者，能够以身作则，树立起在下属中的威望，就会大大提高团队的整体战斗力，领导者的管理工作也会事半功倍。

是的，领导者如果不能自律，就无法服人，企业的发展也必将走入困境。称职的领导者必须懂得，要求员工做到的事，自己必须首先做到。"喊破嗓子不如做出样子"。以身作则是一种巨大的影响力，它通过领导者榜样般的言传身教，使广大员工自觉地产生敬佩与信赖，从而产生巨大的凝聚力、向心力和感召力，进而转变成无坚不摧的战斗力！

量才而用，德禄相称

【原典】

晏子曰："古之事君者，称身而食。德厚而受禄，德薄则辞禄。德厚受禄，所以明上矣；德薄辞禄，所以洁下矣……德薄而禄厚，智惛而家富，是彰污而逆教也。"

【古句新解】

晏子说："古代侍奉君主的人，衡量自己的品德才干来决定是否接受朝廷俸禄。自己品德淳厚就接受俸禄，觉得自己品德不够就辞去俸禄。品德好就接受俸禄，是为了彰明显示君王的圣明识人；品德不够就辞去俸禄，是为了使下级官员都做到廉洁……品德差而俸禄丰厚，才智昏庸而家中富有，这等于表彰污浊而违背教化。"

自我品评

量才用人，无能不任官；量职给俸，无功不受禄——这是时代昌盛、君王圣明的重要标志。要想维护统治秩序而社会不动乱，要想保持圣明声誉而不被历史谴责，就必须朝这个方向努力。对于广大臣民来说，德禄相称即品德才干与俸禄薪金相一致，奉献与报酬相对合理，才能调动广大臣民的积极性而有利于各项工作任务的完成，也才能使人信服而保证社会的安定。

曾国藩对德与才的关系做了较为全面、较为精辟的论证，他明确指出：德与才是不能分开的，德靠才来发挥，才靠德来统领。在用人时，如果没有圣人和君子，那么与其用谗佞之人，不如用愚人。有才而无德的人是最危险的人物，比无才无德还要坏。

古人曾经把立德、立功、立言称为三不朽。曾国藩认为，在这三不朽中，立德是最难的，而且也是最空的，所以自从先秦两汉以来，很少见到因立德而传下美名的人。但是曾国藩仍然坚持立德为上的人生准则。

品德是衡量人才的重要尺度。选拔人才，必须审察他的品德。若其品德好，才可以任用。大道似水，德则似器。人体因道之制御，而呈现出生命和智慧的则是德的效应。从这个角度来看，品德就是人的意识场所呈现的场势状态。作为个体的人要在这个整体系统内生存、发展，就必须受到制约、统御，循道而行。只有循道的意识、修养、行为，才是有德的。以中为度，是人的品德的最高准则。人才的另一个重要条件是才。只有德才兼备，才称得上大才、真才。

战国时期，诸侯纷争。各国皆欲起用最优秀的人才为将为相，因此推荐贤才也成了各诸侯王要求臣下的一个重要任务。

魏文侯是当时一个颇有作为的君主，他礼贤下士，仁厚待民，所以魏国的国势非常强盛。魏文侯想任用一个人担任他的丞相，但他的臣子中优秀能干的人非常多，特别是魏成子与翟璜，无论才智能力都超出众人，而相互处于伯仲之间。魏文侯很为难，不知该选用哪一位，就召见了以公平著称的李克。

魏文侯对李克说："先生曾经教导我说：'家里贫困时，就想有个贤惠的妻子；国家混乱时，就想有个贤良的丞相'。如今我想在魏成子和翟璜中间挑一位做丞相，您看他们二人相比如何？"

李克先是推让说："我听说地位低的人不谋划高职位的事，关系疏的人不干涉亲戚间的事，我不了解朝中大事，恐怕担当不起这个责任。"

魏文侯忙说："事到临头，请先生不要推诿。"李克这才缓缓说道："君王难以选择是因为没有仔细考察过他们俩呀！您想想他们的行

第三章 举贤任能，远离谗佞
——晏子原来这样说用人之道

为：平时和什么人亲近；富贵时要求过什么；居高位时推荐过什么人；落魄时又坚持不肯干什么；贫穷时又弃什么而不取。考察这五种情况，您就足以把人选定下来了，哪里还要我来多嘴多舌呢？"

魏文侯一听，恍然大悟，说："先生，真是有劳您了，我的丞相已经定好了。"

李克从王宫出来后，顺便到了翟璜家里。翟璜急切地问他："我听说国君今天召您去选定丞相，请问选的是谁呢？"

李克说："选定魏成子为相。"翟璜顿时愤愤不平起来，面有怒色地说："就我们所见到所听到的情况看，我哪一点儿比魏成子差呢？西河的太守，是我推荐的；君王因为邺难以治理而忧愁，我向他推荐了西门豹；君王想攻打中山国，我向他推荐了乐羊；攻下中山国后，没人治理，我又把您推荐给了他；太子没有老师，我向他推荐了屈侯鲋，我到底哪一点不如魏成子？"

李克平静地向翟璜说："原来先生推荐人才，就是想以此来谋取官位吗？"

他接着把刚才与魏文侯对话的情况向翟璜复述了一遍，然后说："您哪里可和魏成子相比呢？魏成子有千钟粟的俸禄，但他把十分之九花在国事上，只有十分之一留给自己生活。所以他推举了卜子夏、田子方、段干木三人。这三人，君王把他们都当老师看待，而您所推荐的我们五个人，都只不过是君王的臣子罢了，您又怎么能与魏成子相比呢？"

翟璜听了李克的分析，才意识到自己的差距，同时更为李克的公正而折服，于是满面愧色，向李克拜了两拜，说："我真是个粗鄙的人，承蒙您的教导，我以后愿意多多跟您学习。"

从李克秉公选良相的故事中，我们可以发现，领导者一定要有一双慧眼，提拔可以重用的人。

重用，确切地说是一种带有战略性的用人抉择。被重用人的品格与素质的高低，往往决定着整个企业的业绩。领导者重用的人是否恰

当，通常会对事业的发展产生极其重要和深远的影响。作为当代的领导者，不仅应重视人才的德，还要量才录用。

一个人的能力是可以培养的，可是无德的人对于企业的危害却是很大的，不管是跳槽后对原公司进行中伤，还是自立门户成为其竞争对手，或者是出卖公司机密给竞争对手，后果都相当可怕。换言之，就是知道的越多对企业的危害就越大。

有的人本身很有才能，可是在品德上不行，为了一己私利就会抛弃君臣大义，这样的人，即使再有才能也是佞才。

李斯，本来是楚国人，是秦代著名政治家，在我国历史上声名显赫，功绩卓著。他年轻时曾拜名师，潜心学习过帝王之术、治国之道。学业完成以后，他分析了当时的形势，认为"楚国不足事，而六国皆弱"，唯有秦国具备统一天下，创立帝业的条件，于是他决定到秦国去施展自己的才能与抱负。秦始皇对李斯的才能很赏识，非常信任他，并且重用了他。

可以说在秦始皇在位期间，李斯凭借卓越的才能为秦朝的建立立下了汗马功劳。可是，公元前210年，秦始皇驾崩。唯利是图的李斯为保全自己的既得利益，便附和赵高伪造遗诏，逼死了文武双全的太子扶苏，立了秦始皇少子胡亥为帝。而胡亥没有治国之才，致使秦朝短短二世就亡国了。

如果秦始皇重用的是一个以国家利益为重的忠臣，那么秦朝的伟业就不会毁于一旦了。

司马光在《资治通鉴》里分析智伯无德而亡时写道："才德全尽谓之圣人，才德兼亡谓之愚人，德胜才谓之君子，才胜德谓之小人。"这句话写出了品德不好的人的危险性，因为不知什么时候他就可能会造成危害。所以，对领导者来说，一定要选择德才兼备的人，量才而用，德禄相称，才能积极有效地推动事业的发展。

赏罚不明，国将不国

【原典】

晏子曰："以刑罚自防者，劝乎为非；以赏誉自劝者，惰乎为善。上离德行，民轻赏罚，失所以为国矣。"

【古句新解】

晏子说："用刑罚自律不去做坏事的人，会因刑罚不公正而去做坏事；以赏誉勉励自己做好事的人，也会因为赏誉不公而懒得再去做好事。上面背离德行，民众看轻赏罚，这就失掉了治理国家的方法，国将不国了。"

自我品评

法律是准绳，赏罚是指挥棒，榜样的力量是无法估量的。因此，有法不依，等于废弃法律而使国家陷于混乱；赏罚不公，等于抛弃是非原则而让人民无所适从；国君和各级官员不以身作则，等于教唆全体民众去胡作非为。这不是治国而是乱国，如果再以双重标准另外苛责人民群众甚至镇压民众，那么，离亡国就不远了。

赏罚分明，体现了褒扬贬抑，指示了人们行动的方向，强化正当的进取，弱化错误的选择。赏罚分明，给人以精神上的满足或抑制，它通过奖赏，肯定了员工的劳动价值乃至人生价值；通过惩罚，否定了一些错误行为和消极因素。

惩罚与奖励，是领导者在工作中常用的两件利器。但是在做出惩罚决定时，其先决条件是弄清事实。只有在事实清楚后的惩罚才会做到掷地有声，又稳又准。事实有时会被假象所掩盖，领导者必须分清事实与怀疑之间的界线，必须创造出一个让员工感受到公开、诚实、信任的氛围。

对待事实问题，还必须区分事实与观点的不同。抓住核心的事实，才能够展开详尽的调查。弄清了核心的事实，才能更好地做出有效的决定。

"在法律面前人人平等，在纪律面前一视同仁"，以这样的原则来用人，领导者不因个人情感而行赏罚，赏罚分明，就会事半功倍。

曹操的领导之道虽有多种，而赏罚分明得当，始终为重要方法之一。

曹操历来坚持有功就赏，有罪就罚，一视同仁，不分贵贱。汉末十八路诸侯共讨董卓时，董卓手下勇将华雄连斩联军数员大将，诸侯中无人可敌。此时，尚为平原县令刘备手下一名马弓手的关羽挺身请战。袁术当即怒斥，命人赶出。而曹操却说："此人既出大言，必有勇略，试教出马，如其不胜，责之未迟。"结果，关羽片刻间便提华雄头进帐报功。接着，张飞鼓动诸侯乘势进兵杀入关中以活捉董卓，袁术仍怒喝："量一县令手下小卒，安敢在此耀武扬威！都赶出帐去！"此时，曹操再次反驳说："得功者赏，何计贵贱！"

曹操运用赏罚手段时，往往赏多于罚。部下只要有功，必给予相应奖赏，而且针对不同的人、不同情况给予不同的奖励。曹操在庆贺铜雀台建成时，进行比武活动，为了增加喜庆气氛，竟设法搞了一次人人获胜、人人有份的物质奖励。在与李傕交战中，许褚连斩二将，曹操即手抚许褚之背，把他比作刘邦手下的猛将，激动地称赞说："子真吾之樊哙也！"当荀彧投曹后，曹操见其才华出众，当即把他比作刘邦手下的谋士张良，高度赞誉说："此吾之子房也！"一次，在与关羽交战中，徐晃孤军深入重围，不仅获胜，且军容整齐而归，秩序井然，曹操当即把他比作汉朝的名将，大加赞赏地说："徐将军真有周

第三章 举贤任能，远离谗佞
——墨子原来这样说用人之道

亚夫之风矣!"曹操引用历史上杰出人物作比，对部下及时给予高度评价，这种精神鼓励，实际上超过任何物质奖励的作用。

曹操特别重视奖惩手段的诱导教育作用。这不仅表现于对待自己部下，也表现在他对于敌对营垒将士的处置方法上。曹操特别敬佩关羽"事主不忘本"的忠义精神，当关羽得知刘备下落，立即封金留书而去，曹操则对部下说："不忘旧主，来去明白，真丈夫也!汝等皆当效之。"袁绍谋士沮授被俘后，明确表示不肯投降，曹操越发以礼相待，后沮授盗马私逃，操怒而斩之。沮授临刑而神色不变，操则后悔地说："吾误杀忠义之士也!"命以礼厚葬，并亲笔题墓碑："忠烈沮君之墓"。与此相反，对卖主求荣者，曹操则一向深恶痛绝。曹操部下侍郎黄奎与马腾勾结欲刺杀曹操，与黄奎之妾私通的苗泽向曹操告密，使曹操擒获了黄奎和马腾，曹操不仅不赏赐苗泽，却认为苗泽为得到一个妇人，竟害了姐夫一家，说："留此不义之人何用!"终将苗泽与黄奎之妾一并斩首。

奖惩自身并非目的。受奖者，励其用命之忠，使之感恩戴德，更加效力于己；受惩者，责其背义之行，臭名披露，用以警戒部下深思。这可谓曹操用人的独到之处。综观蜀、魏、吴三国，虽各有杰才，但以魏国人才最多。集拢在曹操手下的谋臣不胜枚举，而且这些人一旦投到曹操手下，便不仅能够各逞其才，而且皆能死命效力，少有叛变离心者。

惩罚和奖励的目的都是为使员工更努力地工作。但有时候，由于某些制度或程序的障碍，造成所需要的行为与所惩罚或所奖励的行为之间不一致，因此也无法达到最初目的。

小黄想请三天假陪家人去郊游，但他的老板没有批准，因为部门最近的工作很紧张，工人们每天都要加班，连星期六也不能休息。有一天，这位保持最高迟到纪录的小黄又晚到了30分钟。老板对此十分生气，警告他："如果你再迟到一次，我将让你停职三天并扣除工资。"你猜第二天谁迟到了？还是小黄!小黄听到这一警告，为这一难

得的机会而沾沾自喜。他终于可以实现自己郊游的愿望了。于是第二天，他故意去得很晚。如其所料，他被停工三天，扣除三天工资，但他可以与家人一起出去郊游了，他满足了自己的需求。那位老板自以为做得正确，自己"正确"地维护了管理制度，但部门的工作还是无法按时完成。

以上事例中老板按常规办事的做法，造成了惩罚行为与惩罚效果的严重脱节。那位老板敲的警钟最后还是没有敲到实处，反而正击中这位小黄的下怀。奖励也是一样，有时造成奖励行为与奖励目的的脱节。领导者奖励什么行为，将会得到更多的这种行为。

赏罚分明，不但指对不同的人该赏则赏，该罚则罚，还指对同一个人的不同事件该赏则赏，该罚则罚，决不能功过相抵。理由是：

第一，任何人都有其功，也有其过，如果功过相抵，就容易导致功过混淆，毫无界限。

第二，功过相抵，容易造成特权。有的人因为做出了成绩，或委以重任，如果功过可以相抵，就会沾沾自喜，自以为有某种特权。法律、制度、规章在他们面前也必然荡然无存。这样，不仅害了他们自己，也影响了其他员工的工作积极性。所以，要做到功过不相抵，必须功过分明，各施赏罚。

俗话说：无规矩不成方圆。奖功必须罚过，奖勤必须罚懒，奖能必须罚庸。只奖不罚，就不能激浊扬清、惩恶扬善，也就不能达到是非分明、功过两清的目的。因此说，领导者必须赏罚分明，否则会影响团队的健康发展。

第三章 举贤任能，远离谗佞
——晏子原来这样说用人之道

宠谗伤贤，后患无穷

【原典】

晏子曰："内宠之妾，迫夺于国；外宠之臣，矫夺于鄙；执法之吏，并苛百姓。民愁苦约病，而奸驱尤佚，隐情奋恶，蔽诌其上。故虽有至圣大贤，岂能胜若谗哉？是以忠臣之常有灾伤也。"

【古句新解】

晏子说："内宫受宠的侍妾们，在国都里急迫地巧取强夺；宫外的宠幸之臣，则在外地边区假借君权君命肆意掠夺；掌权执法的官员们，和宠幸者一起苛刻地盘剥百姓。这样一来，人民愁苦穷困，而奸邪之人却日益富有而享乐，他们还隐瞒实情，掩盖罪恶，蒙蔽诌媚国君。所以，虽然有至圣大贤，又怎么能胜过这些谗佞小人呢？忠臣就因此而常常受到迫害，遭遇灾祸。"

自我品评

无论什么样的被宠幸者，绝不会仅仅满足于被宠爱而已，他(她)们必定利用被宠的地位去谋取权力和财产，甚至介入宠幸他们的主人的政治、人事，力图左右大事，直至掌握最高权力。为达此目的，被宠幸者都无一例外对忠臣、对国家造成伤害。晏子的政治主张中，举贤去谗是重要内容之一，历代大臣贤士关于这方面的奏折议论不止千万遍，但五千年历史上，因宠幸奸佞而亡国的事例仍屡见不鲜。宠幸不是爱！宠儿不孝，宠臣不忠！这是沉痛的历史教训！

唐玄宗时期，有两个奸臣，可以说对唐朝的衰落有很大关系。

一个是杨国忠。杨国忠是唐玄宗时的外戚和权臣，杨贵妃的堂兄。鉴于他国舅的身份，杨国忠嗜赌好酒，不学无术。天宝元年，由杨贵妃荐于玄宗，以樗蒲（一种赌具）为供奉官。他善于窥测玄宗好恶，得其欢心，累迁监察御史、御史中丞、给事中。天宝十一载（752）李林甫死，国忠代相，兼吏部尚书，领40余使。他恃权仗势，排斥异己，破坏铨选制度，阻挠下情上达，生活极其奢侈。

杨国忠在长安立脚之后，便凭借贵妃和杨氏诸姐妹得宠的条件，巧为钻营。在宫内，他经常接近贵妃，小心翼翼地侍奉玄宗，投其所好；在朝廷，则千方百计巴结权臣。每逢禁中传宴，杨国忠掌管樗蒲文簿（一种娱乐活动的记分簿），玄宗对他在运算方面的精明十分赏识，曾称赞他是个好度支郎。不久，杨国忠便担任了监察御史，很快又迁升为度支员外郎，兼侍御史。在不到一年的时间里，他便身兼15余职，成为朝廷的重臣。

随着地位的升迁，杨国忠在生活上也变得极为奢侈腐化。每逢陪玄宗、贵妃游幸华清宫，杨氏诸姐妹总是先在杨国忠家汇集，竞相攀比装饰车马，他们用黄金、翡翠做装饰，用珍珠、美玉做点缀。出行时，杨国忠还持剑南节度使的旌节（皇帝授予特使的权力象征）在前面耀武扬威。

玄宗之所以如此信任杨国忠，除了取悦于杨贵妃之外，主要是借以牵制李林甫的专权。同时为取代已经衰老了的李林甫做准备。终于在天宝十一载（752年）十一月，李林甫死后，玄宗任命杨国忠担任右相，兼文部尚书，判使照旧。杨国忠以侍御史升到正宰相，身兼40余职。

杨国忠执政期间，曾两次发动征讨南诏的战争。天宝十载（751年），杨国忠就任京兆尹不久，遂乘机推荐自己的老友和党羽鲜于仲通为剑南节度使，并命其率兵攻打南诏，结果大败，士卒阵亡六万人，南诏投附吐蕃。对此杨国忠不但没有处罚鲜于仲通，而且还为其大叙

第三章 举贤任能，远离谗佞
——晏子原来这样说用人之道

战功。接着，杨国忠又请求第二次发兵攻打南诏。玄宗便命令在长安、洛阳、河南、河北各地广泛招兵。杨国忠派御史到各地去抓丁，给他们戴上枷锁送到军营。父母、妻子哭声遍野。天宝十三载（754年）六月，杨国忠又命令留后、侍御史李宓率兵，再次攻打南诏，结果又遭惨败。两次攻打南诏，损兵折将近20万人。杨国忠专权误国，好大喜功，穷兵黩武，动辄对边境少数民族地区用兵，不仅使成千上万的无辜士卒暴尸边陲，给少数民族地区造成了灾难，而且使内地田园荒芜，民不聊生。

杨国忠对人民的疾苦漠不关心。天宝十二载（753年），关中地区连续发生水灾和严重饥荒。玄宗担心会伤害庄稼，杨国忠便叫人专拿好庄稼给玄宗看，并说："雨水虽多并未伤害庄稼。"玄宗信以为真，以后，扶风太守房琯奏报当地出现水灾，杨国忠便叫御史审问他，从此再没有人敢汇报实情。

在杨国忠的专权下，整个唐朝开始混乱起来，可以说，唐朝的转向衰落固然有唐玄宗的过失，但杨氏兄妹特别是杨国忠这个哥哥没有起到正面的作用，他的为非作歹，也没有给妹妹带来好运，反而把妹妹送上了不归路。美丽并不是罪过，但美丽却是一个起因。在杨国忠的一手遮天之下，首先是朝政混乱。在暴雨造成灾害时，玄宗询问灾情，杨国忠却拿着大个的谷穗子给玄宗看，说雨虽大但没有影响收成。下边有的官员报告灾情，请求救助，他大发雷霆，命令司法机关进行严惩。杨国忠能力不高，但喜欢胡乱处理朝政，正事做不好，做坏事却很在行，接受贿赂、拉帮结派等等运用自如。

朝政混乱影响了国家的经济。均田制在这个时期瓦解，税收急剧减少，但朝廷的花费却因为玄宗和杨贵妃的奢侈而逐渐增多，国库入不敷出。政治的腐败还影响了军队的战斗力，因为招募的兵士都是一些无赖之徒。这些人在后来玄宗发动的战争中不但没有夺得胜利，反而招致了更多的失利。玄宗对于唐王朝的危机丝毫没有察觉，反而向外发动了一系列的战争。政治腐败与黑暗，引发了将领贪功求官的欲望。为了挑起战争，并在战争中立功受赏，加官晋爵，边镇的很多将领肆意挑衅，使得边境战乱不断，玄宗的好战对此又是火上加油。初期的边境安定局面又被打破了，最终导致了安史之乱，唐朝大伤元气。

另一个是李林甫。他是唐玄宗手下常伴随其身边的一个奸臣，心胸极端狭窄，容不得别人得到唐玄宗的宠爱。唐玄宗有个喜好，他比较喜欢外表漂亮、一表人才、气宇轩昂的武将。有一天，唐玄宗在李林甫的陪同下正在花园里散步，远远看见一个相貌堂堂、身材魁梧的武将走过去，便感叹了一句："这位将军真漂亮！"并随口问身边的李林甫那位将军是谁，李林甫支吾着说不知道。此时他心里很慌张，生怕唐玄宗喜欢上那位将军。事后，李林甫暗地里指使人把那位受到唐玄宗赞扬了一句的将军调到了一个非常偏远的地方，使他再也没有机会接触到唐玄宗，当然也就永远丧失了升迁的机会。

作为领导者，切记这一点，不要宠信谗佞之人，一定要以史为鉴，以免后患无穷。

第三章 举贤任能，远离谗佞
——晏子原来这样说用人之道

贤者爱人，善于攻心

【原典】

晏子曰："举之以语，考之以事，能喻则尚而亲之，进而勿辱。以取人，则得贤之道也。"

【古句新解】

晏子说："根据他的言论主张是否有理以决定是否选用他，根据他的行事去考察他，如果真的通晓治国之道，就尊重他、亲近他。既要亲近他，又要以礼相待。用这种办法选取人才，就是求得贤德之人的方法。"

自我品评

感人心者，莫先乎情。因此说，举贤任能，要想让人才很好地为你所用，必须善于"攻心"。人是这个世界上最富感情的一个群体，感情投资可以说是现代公司或企业领导调动下属积极性的一项重要手段。人都是将心比心的，你敬我一尺，我才会敬你一丈。很多成功企业的实践证明，企业关爱员工将进一步促进员工的工作热情，广大员工会在不同岗位上，以一颗对企业、对用户真诚的"关爱"之心，积极主动地投身企业经营、服务工作之中。他们对企业、对社会、对用户的关爱更是体现在方方面面，在为企业赢得良好的社会声誉的同时，也必将为企业的持续发展奠定坚实基础。因此，老板和企业也应该对员工心怀感恩，毕竟，他们才是企业的主力军，为企业作出了巨大的贡献。

付出真情实意是领导者做好工作、管好下属非常重要的手段之一。如果领导者能自觉地运用感情去动员、感染、影响周围的下属，就能对公司的发展形成巨大的推动力。

相信大家都看过《三国演义》，刘备之所以能够三分天下占其一，就在于他用人之时重在一个"情"字。以情感人，可以说是刘备的一绝。

刚开始的时候，徐庶替刘备运筹帷幄，连打两次胜仗。曹操就想着如何把徐庶挖走，刘备当然不干，但他并没有听别人的意见死留徐庶不放，好让曹操把徐母杀了，以使徐庶死心塌地地帮助自己对付曹操。刘备一路流泪送徐庶，徐庶大受感动，于是向刘备推荐了比自己更胜一筹的诸葛亮。刘备的江山可以说是越坐越稳，主要就是因为刘备擅长以情动人，使部下心甘情愿为他去打天下。

当然，刘备一生最为人所称道的事情还是三顾茅庐。刘备不顾风雪，诚心诚意地三次来到隆中请诸葛亮出山，并且对诸葛亮的态度也很恭敬。最终诸葛亮被刘备的诚意所打动，答应了刘备，给他提出了《隆中对》，奠定了刘备的立国纲领，指明了刘备事业奋斗的方向。刘备对诸葛亮除了亲自"请之"，自己"以师事之"，还教育关羽、张飞等一班手下对其"敬之"，让刘后主"以相父呼之"。刘备临终之时还叮嘱诸葛亮，倘若刘禅不成器，还可以取而"代之"。如此用情良苦，也难怪诸葛亮要鞠躬尽瘁，死而后已了。

而像关羽、张飞、赵云、马超、黄忠等一班武将，刘备则以兄弟之情待之，例如桃园三结义。有时，刘备与他们之间的感情甚至超越了骨肉之间的亲情。例如，当赵云大战长坂坡，于百万敌军之中救回刘阿斗时，刘备刚接过孩子，第一句话就是"为汝这孺子，几损我一员大将"，说着就要摔孩子。刘备此时"大唱"了一段"感情戏"，抓住赵云的心！

刘备请诸葛亮，说穿了也是借助于一个"情"字和一个"泪"字，因为他当时不可能给诸葛亮解决任何问题，爵位、官职、金钱、妻小的安置等都谈不上，连刘备自己都是寄人篱下，暂住新野这么个小县城。可诸葛亮就是冲刘备那个"情"字才出山的。

其实，将这套理论运用到现代管理上，也是完全可行的。假如一个人生活在温馨友爱的集体环境里，那么就会懂得尊重、理解和容忍，产生愉悦、兴奋和上进的心情，工作热情和效率都会大大提高；相反，一个人生活在冷漠、充满争斗和尔虞我诈的氛围中，情绪就会低落、郁闷，工作热情就会大打折扣。因此，领导者在实施感情投资时，必须抓住"真情实意"这个要领，与下属互相交心、以心换心。

当今市场竞争的根本就是人才的竞争，几乎所有企业都曾为人才流失而头痛。很多老板想尽了一切办法，也无法阻挡人才高飞远走的步伐。如何留住人才，让他们安心为企业工作，成了许多企业家的难题。

很多企业的老板为了留住人才，用尽了各种方法，典型的有落实当地户口，高额的工资奖励等，老板们就是期望靠有形的"绳子"来绑住人才。也许这能起到一定效果，但是仅仅依靠这些有形的"绳子"是无法真正绑住人才的。

作为老板首先不能否认人的利己本性，员工要生存和发展，就需要基本的物质保证，而且还要尽可能丰厚，使自己能生活得更好一些。但给予丰厚的物质保证还不是留住员工的关键，管理者更要关注员工物质生活之外的精神需求，这才是留住人才的深层次因素。

日本企业的人力资源管理有一个显著的特点，就是注重人情味和感情投入，并给予人才家庭式的情感抚慰。日本企业之所以有很高的经济效益，很大程度上得益于这种管理模式。每一个采用这种管理模式的日本企业仿佛就是一个大家庭，除了供给员工基本的物质需要外，还注重满足员工的精神需求。

日本著名企业家岛川三部曾自豪地说："我经营管理的最大本领就是把工作家庭化和娱乐化。"索尼公司董事长盛田昭夫也说："一个日本公司最主要的使命，是培养它同雇员之间的关系，在公司营造一种家庭式情感，即经理人员和所有雇员同甘苦、共命运的情感。"

日本企业家深谙刚柔相济的管理道理。他们在严格贯彻、执行企业管理制度的同时，又最大限度地尊重人才、善待人才，关心体贴人才的生活，这就在无形中建立起一条联结管理者和人才的"绳子"，正是这条"绳子"在留住人才的过程中发挥了巨大作用。

此外，日本大企业内部还普遍实行福利制，这就让人才可以享受尽可能多的福利和服务，使其感受到企业所给予的温情和照顾。因此，在人才看来，企业不仅是靠劳动领取工资的场所，更是满足自己各种需要的温暖大家庭。企业和人才结成的不仅仅是简单的利益共同体，还是一个情感共同体。生活在这样一个二体合一、充满温暖的大家庭中，员工又怎么会有背叛、离去的想法呢？

很多时候，管理者在精神方面的激励比物质激励更重要，更能使员工与之建立起和谐的感情。高明的管理者不是把员工当作雇工，而是将其视为共同合作的伙伴，也正因如此，员工才会真正为企业贡献力量。

有一些领导者总是感叹公司太穷、单位太小，人才招不来，招来了又留不住。可是他们都没有想过，他们对下属们动过情吗？物质待遇固然很重要，但是从某种程度上来说，精神上的待遇也是很重要的。更何况如今的职场最讲究的就是竞争，其实质就是人才的竞争。因此，领导者应讲究"爱才"、"得才"，用真情实意留住人才。

故此，举贤任能，必须善于攻心。这样，好的人才才能为你所用，同时也保证人才不会流失。

第三章 举贤任能，远离谗佞
——晏子原来这样说用人之道

深入民心，上情下达

【原典】

晏子曰："朝居严则下无言，下无言则上无闻矣。下无言，则吾谓之喑；上无闻，则吾谓之聋。聋喑，非害国家而如何也？"

【古句新解】

晏子说："君王在朝廷态度严厉则下臣就不敢讲话，下面的人不敢讲话，上面的人就听不到什么信息了。下面的人不敢讲话，这可以说是哑；上面的人什么也听不到，这可以说是聋。上聋下哑，这不是对国家有害又是什么呢？"

自我品评

政治领导的重要任务就是沟通上下之情。上下相通，则能准确了解民情、正确制定政策、顺利贯彻意图、圆满实现预定目标。上下不通则一切相反。上下之情能否沟通，一是取决于在上者的作风和态度是否民主、深入，二是决定于下面的人是否正直敢言。上专制则下无言，下奸诈则上蒙蔽。因此，为国执政者必须服从政治需要，任何妨碍上下沟通的个人性格特点、生活习惯等都必须改进或放弃。

企业在经营管理和日常事务中，由于人与人之间、部门与部门之间缺乏沟通和交流，常常会产生一些摩擦、矛盾、冲突、误解。这将影响到公司的气氛、士气和组织的效率，使企业难以形成凝聚力，人为内耗成本增大，甚至导致企业"死亡"。因此，企业管理的一个主要内容就是增进沟通。

有团队就有管理，管理就必然需要沟通，唯有沟通才能减少摩擦、化解矛盾、消除误解、避免冲突，发挥团队和管理的最佳效能。

如果一个组织内部缺乏沟通氛围，其管理者是有很大责任的。沟通能力是管理者的基本素质，沟通是管理工作的基本内容，有效沟通是一切工作的前提。

松下幸之助有句名言："企业管理过去是沟通，现在是沟通，未来还是沟通。"雄踞世界500强榜首的零售业巨头沃尔玛公司前总裁山姆·沃尔顿也曾说道："沟通是管理的浓缩。如果你必须将沃尔玛体制浓缩成一个思想，那可能就是沟通，因为它是我们成功的真正关键之一。在这样一家大公司，对于良好沟通的必要性，是无论怎样强调也不过分的。"

沟通在企业管理中的重要性可以用两个数字来直观地反映出来，即两个70%。

第一个70%，是指实际上企业的管理者70%的时间是用在沟通上。开会、谈判、谈话、做报告是最常见的沟通形式，撰写报告实际上是一种书面沟通方式，对外各种拜访、约见也都是沟通的表现形式，算起来他们有70%的时间花在沟通上。

第二个70%，是指企业中70%的问题是由于沟通障碍引起的。比如，企业常见的效率低下问题往往是由于大家没有沟通或不懂得沟通引起的。实际上，在企业里面工作不能顺利进行、领导力不高等问题，归根结底，都与沟通能力的欠缺有关。比如说经理们对下属经常有恨铁不成钢的想法，觉得年初设立的目标他们没达到，自己在工作中寄予他们的一些期望，也没有达到。为什么下属达不到目标的情况会经常出现？通过调查发现，下属对管理者的目的或者说期望是不清楚的，这无论是由于管理者的表达有问题，还是由于员工倾听领会的能力不强，归根结底都是沟通不畅造成的。

现在，大多数领导者都认为，在以文化促进变革的过程中，充分调动下属的积极性和协调下属的行为是很关键的,这不依赖于权力,而是依赖于有效的沟通。有效的沟通主要通过谈话和文字的形式,传达公司的核心价值观。有效的沟通是管理者应有的"手腕"之一。

那么作为一个高明的领导者,若想做到有效沟通,就必须做到以下几点:

1.应注重非语言性的提示

如果沟通双方能够准确地把握非语言信息并有意识地加以运用,则会在很大程度上跨过语言沟通本身的一些固有障碍而提高沟通效率。

在面对面的沟通中,领导者要给予对方合适的表情、动作和态度等非语言提示,并使之与所要表达的信息内容相配合。非语言信息是揭示交流双方内心世界的窗口,一个成功的领导者必须懂得辨别非语言信息的意义,充分利用它来提高沟通效率。这就要求领导者在沟通时要时刻注意交谈的细节问题,不能忽视下属的想法和感受。

2.提高自身素质及表达能力

无论是采用口头交谈还是书面交流形式,都要力求准确地表达自己的意思。作为领导者,应了解下属的文化水平、经验和接受能力,根据对方的具体情况来确定自己表达的方式和表达的程度等。注意文字逻辑性和条理性,对重要的地方要加上强调性的说明;选择准确的词汇、语气、标点符号。必要的时候还可以借助于手势、动作、表情等完成与信息接收者在思想和感情上的沟通,以加深对方的理解,提高沟通的效率。

3.注重下属反馈的信息

领导者要注重下属反馈的信息,提倡双向交流,让员工重述所获得的信息或表达他们对信息的理解,从而检查信息传递的准确程度和偏差所在。为此,领导者要善于体察,鼓励接收者不懂就问,并且注意倾听反馈意见。没有反馈,领导者就无法知道接收者是否真正理解了信息。领导者可以通过直接或间接的询问"测试"员工,以便及时调整陈述方式,使接收者更好地理解信息。反馈方式可以是语言表述,

也可以是非语言的，可以从对方的动作、表情等方面获得，它们往往是员工潜意识的流露。

4.建立合理的沟通体系

在公司或企业内部，人员众多、机构复杂、信息流量大，为了使信息有序地流动，领导者一定要建立稳定合理的沟通体系，以便控制企业内部的横向及纵向的信息流动，使各部门及下属之间都有固定的信息来源，该从哪里得到信息就从哪里得到信息，该知道什么就知道什么。这样可以规避企业内部的流言，进而规避扰乱整个企业正常运转的弊端。

5.沟通也要选择合适的机会

由于所处的场合、气氛、双方的情绪会影响沟通的效果，所以沟通要选择合适的时机。对于重要的信息，在办公室、会议厅等正规的地方进行交谈，有助于双方集中注意力，提高沟通的效率；而对于思想上或感情方面的沟通，则适宜于在比较随便、轻松的场合下进行，这样便于双方消除隔阂。而且，领导者在与下属进行沟通时，要选择双方情绪都比较冷静的时候，以免不利的情绪影响到沟通效果。如果沟通双方对信息本身都理解，但感情上不愿意接受时，领导者最好是能起个带头作用，这也是最好的沟通方式之一。

良好的沟通是领导者与下属联络感情的有效途径。沟通效果好与坏，直接影响着员工的使命感和积极性，同样也直接影响着企业的经济效益。只有保持沟通的顺畅，企业的管理者才能及时听取员工的意见，并及时解决上下层之间的矛盾，增强企业的凝聚力。

英国管理学家L.威尔德说："管理者应该具有多种能力，但最基本的能力是有效沟通。"作为一个领导者，与下属沟通交流的能力是相当重要的。一个善于与下属交流的领导者，可以让员工充分信任你，让部门中充满团结协作的气氛。因此说，作为领导者一定要善于深入民心，只有这样才可以做到上情下达。

第三章 举贤任能，远离谗佞
——晏子原来这样说用人之道

累卑为高，集思广益

【原典】

晏子曰："合升鼓之微，以满仓廪；合疏缕之绨，以成帷幕。太山之高，非一石也，累卑然后高；夫治天下者，非用一士之言也。固有受而不用，恶有拒而不受者哉？"

【古句新解】

晏子说："汇合一升一斛的微量，也能装满仓廪；织合一丝一缕的绨线，也能做成巨大的帷幕。泰山很高，但不是一块石头就成了山，它是细小石头累积无数才那么高的；治理天下的人，也不可能只听用一个人的意见。所以，虽然有接受而不采用的意见，哪里有从根本上就拒绝任何人提意见呢？"

自我品评

秦朝李斯《谏逐客书》中说："泰山不让土壤，故能成其大；河海不择细流，故能就其深。"不辞让推却任何微小的土壤，不挑剔择拣细小的水流，问题就在是否辞让和择拣上。嫌小不收，嫌细不要，因对方位卑不屑一顾，看别人贫困而不予理睬，挑挑拣拣，甚至眼高手低、势利眼，这种作为，绝非成大事、有大志者所应有。积少成多，积微成著，集腋成裘，聚沙成塔，大起于小，累卑为高，这种道理几乎无人不知。但是，在日常生活、工作与社会交际中，却常常可以看到违背这种道理的言行作为，问题出在哪儿呢？

"智者千虑必有一失，愚者千虑偶有一得"。现代社会的竞争越来越激烈，决策活动越来越复杂，涉及的因素非常多；高明的领导者，要想避免失误，唯一的妙方就是发动人人献计献策，充分利用集体的智慧。决策时，要善于兼听众人的意见。

楚襄王做太子时曾到齐国做过人质，他回国的条件是要献方圆500里土地给齐国。

楚襄王回国做了楚王之后，齐国便派使者来向他索要土地。虽然曾是自己亲口答应的，但当时是不得已而为之。齐国明显是在乘人之危勒索楚国，所以楚襄王不想给，便请教慎子："齐国要割去我们方圆500里土地，怎么办呢？"

慎子说："明天早朝，大王可以让群臣献计献策。"

果然，第二天早朝时，几位大臣都提出了自己的主张。

子良说："我觉得大王不能不给。大王作为一国之君，一言九鼎，而且又是许诺给强大的齐国。如果不给，别人就会说大王不守信用，以后大王在诸侯中就无威信可言了。请先给他们，然后再夺回来。给他们是大王守信用，而夺回来能够显示我们的武力也不弱。因此我主张给。"

昭常说："我认为不能给。君主是不能担心土地太广、太多的，而且方圆500里地实际约占了楚国的一半。这样，君主虽然名义上是做大王，如果失去了方圆500里国土，实际上就成了一个小小的地方官了。所以说坚决不能给，臣昭常愿意带兵去东地坚守！"

大臣景鲤则说："我也认为不能给。虽然是不能给，但仅靠我们的力量恐怕又不能守住。而大王金口玉言，既然答应了又不兑现，必定会在天下人面前落得不义的名声，这样我们输了理，更是不能独自守住。因此臣建议向秦国求救。"

楚襄王听了，觉得三个人说得都有道理，还是不知到底该怎么办。于是就把这三人的主张一一告诉了慎子，并问："您说我到底应该采用谁的主张呢？"

第三章 举贤任能，远离谗佞
——墨子原来这样说用人之道

慎子想了想说："大王应该全部采用。"

襄王听了，以为慎子在开玩笑，立即不解地问："先生是什么意思啊？"

慎子说："按照他们各自的主意去做，就能够收到他们所预期的成效。大王可以派子良率车50乘，到齐国履行向其献地的手续；第二步您可派昭常大司马，率军前往东地驻守；第三步，您再派景鲤向秦国求救。"

襄王听了，豁然开朗，微笑着说："行。"于是，一切依计而行。

子良先到齐国去交付所允诺的土地，齐国人就与子良一起到楚国东地去办理交割手续。此时，昭常早已带兵在那守候，准备抵抗，并对他们说："我奉先王的命令保卫楚国的土地，将和它生死与共！"

齐国人就问子良这是怎么回事。子良说："我是受楚王的命令而行动，而昭常却不把楚王与齐王放在眼里。你们还是发兵进攻吧！"齐王听说后大怒，立即组织军队，准备讨伐昭常。

齐军还没有出国境，秦国50万大军就已经逼近齐国的边境，秦国指责齐王说："当时你们扣押楚国的太子不让他回国继位，这是不仁；接着又要乘人之危，夺人方圆500里国土，这是不义。如果你们现在就把刀兵收起来，此事就算到此为止；如果你们想动手，那我们也就在此等候了。"

齐王马上就吓怕了，礼送子良回国，又派人到秦国去谈和。这样，楚国没有动一刀一枪，就得以保全了方圆500里土地。

这次成功就是楚王听从众臣的主意而取得的，也就是充分发挥智囊团的综合长处，从而达到了克敌制胜的目的。三人计策，缺一不可，三种计策运用实施的次序也不能颠倒，没有慎子的独具慧眼、博采众长，那就更是不行！

事实上，企业的发展不能够只靠上层管理者的决策，而应该依靠全体员工，特别是能够集中全体员工的智慧。就企业中重大的问题做决策前应该广泛地听取大家的意见，要分析有没有不合理的成分；少数人的意见也要听，看一下有没有合理的成分，认真思考分析，对各种意见分析、归纳和整理，最终得出正确的结论。毕竟，集大家的智慧和力量比较容易实现目标。集思广益是前人在长期实践中总结出来的制胜法宝，其中蕴涵着深刻的道理和原则，是做出正确决策的必备法宝。

集思广益还包含在某一具体问题的处理上也要广开言路，不能只听一面之词，只考虑一种方法，而要围绕这一问题，充分征求意见，收集各种可能的解决方案，然后在可供选择的方案中进行利弊比较，选择最优方案来加以实施。

企业需要员工奉献的，不仅是一双手，而且更需要他们的大脑。领导者确实有做出最终决策的责任，但同时也拥有同样重要的责任使人相信，特别是使提出建议的人相信这些决策是合乎理性的。领导者所做出的决策应该为员工所理解，并具有强大的感召力。通过集思广益可以轻而易举地将官僚主义从企业中清除出去。

让员工参与目标的制定是至关重要的。在一起制定目标的过程中，因为各个下属部门或个人都会根据自己的需要，从自己的利益出发，提出对即将制定的目标的种种建议或见解，争论是不可避免的。但就在这一过程中，领导者却可以洞察到目标的确立应遵循什么样的原则才能更为员工所认同，而不至于使提出的目标高高在上，难以达到。另外，在这一过程中，正确的意见得到阐述，偏执的意见也会得到自我修正，这实质上也是一个教育、说服和发动的过程。

俗话说，三个臭皮匠，顶个诸葛亮。一个人见识短，两个人见识长，大家互相取长补短，一个行动计划便圆满无缺。21世纪是一个科学技术日新月异、飞速发展的世纪。要想让自己的团队在激烈的竞争中立于不败之地，必须学会集众人之长，取其精华，去其糟粕。只有完美的团队，没有完美的个人。因此，领导者一定要累卑为高，集思广益，因为众人划桨才可以渡过汪洋大海，才能乘风破浪，直挂云帆济沧海！

第四章 廉洁节俭，戒奢拒腐
——晏子原来这样说廉政之道

晏子所处的时代，各诸侯国里，以君主为首的统治集团无不过着奢侈腐化的生活，齐国也不例外。晏子认为，这是导致加重人民的赋税与徭役负担的重要原因。统治集团纵欲奢侈，就必然要对人民横征暴敛，导致人民生活贫困。要想减轻人民的负担，首先必须控制统治集团对财富的肆意挥霍。因此，晏子特别强调统治阶级应当生活简朴、力戒奢华的重要性。

第四章 廉洁节俭，戒奢拒腐
——晏子原来这样说廉政之道

节欲励志，国富民强

【原典】

晏子曰："节欲则民富，中听则民安。"

【古句新解】

晏子说："君王节制自己的欲望，人民就会富起来；官府断案公正持中，人民就会安定。"

自我品评

对于广大人民群众来说，富足和安定是他们的愿望。晏子认为，要实现人民这个愿望，就必须做到君王节欲、断案公正。晏子的这个观点很切时弊。君王的奢侈直接导致人民的贫困甚至社会的危亡，这并非耸人听闻：第一，以君王或国家名义的奢侈行动和各种浩大工程，时时使国库空虚；第二，大小官僚上行下效地如法肥己、腐败成风、民穷国空；第三，统治阶级的奢侈糜烂，会影响整个社会和一个时代的世俗民风。历史前进的动力是人民，但一个国家、社会的兴亡，却往往决定于君王的政策、作风。

"苦心人，天不负，卧薪尝胆，三千越甲可吞吴；有志者，事竟成，破釜沉舟，百二秦川终属楚。"说的正是勾践与项羽为了励志而作出的节欲与决心的表现。

春秋末年，在长江流域同时并存有两个较大的诸侯国，一个是吴国，一个是越国。两国之间为了争夺土地和霸权，经常爆发战争。

周敬王二十四年（公元前 496 年），吴王阖闾战死，其子夫差继位，发誓要报仇。周敬王二十五年（公元前 495 年），夫差任命大夫伯嚭为太宰，向他学习战射，要雪洗檇李之战耻辱。周敬王二十六年（公元前 494 年）春，吴王夫差为报父仇而率军攻越，在夫越（今浙江绍兴北）打败越军，越军退守会稽山（今浙江绍兴东南）。越王勾践率披甲持盾的 5000 名士兵守卫，同时贿赂吴太宰伯嚭而求和。越国又给夫差进献美女求和，伍员认为不妥，但夫差有志向北方扩土，不纳伍员之言，与越媾和。吴国的国君夫差说："求和可以，条件得由我来定。"越国国君勾践说："只要能保住我的国家，什么条件都可以。"于是，条件谈妥后，勾践便带了夫人和随从来到吴国服劳役。

勾践与范蠡作为人质留在吴国，卑事夫差，而把治理国政之事交给文种。夫差和勾践都曾是一国之君，如今一个人仍然是国君，另一个人却是这个国君的奴隶。勾践每天唯唯诺诺、唯命是从地听从夫差的支使。看孩子、扫院子、推碾子、洗裈子，他都是默默无言地做。夫差要外出，勾践便牵马坠蹬，夫差回来时，勾践便伏地跪迎。就这样，勾践一连三年都小心翼翼地服侍着夫差。三年过后，看着眼前这个毫无反抗意念、毫无复仇心迹的勾践，夫差放心了。他对勾践说："你带着老婆和家人回国去吧。"

勾践在越三年，到周敬王二十九年（公元前 491 年）吴王夫差赦勾践归国。勾践回国后，一面把国耻家辱记在心上，每日警醒，一面安抚臣民，聚集贤士，训练军队。他苦心积虑，立志报仇雪恨，为了磨砺志气，不忘屈辱，他把苦胆挂在室内，吃饭之时一定要先尝苦胆。睡觉的时候身下垫着木柴，以使自己警醒，不得居安忘危，丧失报仇雪恨的决心。他的随从劝他不要这样，他告诉随从他必须这样做，因为一个国君有两件事不能忘。随从问他是什么，他说是光荣和耻辱。光荣人们愿意记住，耻辱却容易忘记。我这么做就是要告诫自己不忘亡国丧家的大耻恨。

他亲自与百姓一起共同耕作，让夫人织布裁衣，食不加肉，衣不饰采，与民众同甘共苦。经过长期的艰苦奋斗，"十年生聚，十年教

第四章 廉洁节俭，戒奢拒腐
——墨子原来这样说廉政之道

训"。十年后，越国变得越来越强大，军队也训练有素，越国终于从失败中重新崛起。周敬王三十八年（公元前482年）夏，越王勾践乘夫差远出，以大军攻吴，大败吴师，破吴都。周元王四年（前473年），勾践再次大举攻吴，这时，勾践为了一雪当年之辱，便起兵去攻打吴国，几次战斗后，吴国军队被打败，吴王夫差走投无路，只好选择了自杀。临死前他才明白，自己当初小看了越王勾践。此后，周元王封勾践为伯，即为诸侯之长，勾践遂称霸于诸侯。

勾践每天睡在柴草窝中，又把苦胆挂在房梁上，在睡前醒后、喝水吃饭时抬头舔舐，他这是为了不要忘记所受过的耻辱，要发愤图强。一国之君尚能如此励志，最终使得"苦心人，天不负，卧薪尝胆，三千越甲可吞吴"。

世界上最大的零售企业沃尔玛的前任总裁山姆·沃尔顿说："我从很小起就知道，用自己的双手挣取一美元是多么艰辛，而且也体会到，当你这样做了，就是值得的。有一件事我和爸爸妈妈的看法一致，即对钱的态度：决不乱花一分钱！"

山姆的节俭确实是出了名的。有亿万家财的他却驾着一辆老旧的货车；戴着印有沃尔玛标志的棒球帽；去小镇街角的理发店理发；在自家的折扣百货店购买便宜的日常用品；公务外出时，总是尽可能与他人共住一个房间，而旅馆多为中档的；外出就餐，也只去家庭式小餐馆……

山姆·沃尔顿出生在美国中西部一个小镇的普通农民家庭，成长于大萧条时期，这一切造就了他这种努力工作和节俭朴素的生活方式。

"我们就是这样长大的。当有一枚一便士硬币丢在街上时，有多少人会走过去把它捡起来？我打赌我会，而我知道山姆也会。"沃尔玛公司的一位经理这样说。

因为山姆从小就体会到了每一分钱的价值，所以他亦深知沃尔玛的每一分钱都是辛苦赚来的，因此，他始终保持着相当简朴的生活，与一般中等收入家庭的水准没有太大差别。他坦言，并不希望自己的子孙将来为上学去打工，但如果他们有追求奢侈生活而不努力工作的想法，即使百年之后，他也会从地底下爬出来找他们算账，所以，"他们最好现在就打消追求奢侈生活的念头"。

在很早的时候，山姆的节俭就非常出名了。有一次，一名员工被山姆派去租车，很快山姆又叫他退租，原因很简单，因为他不愿租用任何一种比小型汽车更大的汽车。这位员工进一步解释了山姆这一行为：不愿意让人看见他用的东西比他的下属使用的更好，山姆也不会住在比他的下属所住的更好的旅馆里，也不到昂贵的饭店进食，也不会去开名牌的汽车。

山姆搭乘飞机时，也只买二等舱。有一次山姆要去南美，下属只买到了头等舱票，结果他很不高兴，但是也不得不乘坐，因为这是最后一张票了。他的助手说："这是我知道的他唯一一次坐头等舱的经历。"

山姆在自传中写道："当我已在世界上崭露头角，准备做出自己的一番事业时，我早已对一美元的价值怀有一种强烈的、根深蒂固的珍重态度。"

张瑞敏说过：不简单，就是将简单的事做千遍万遍做好；不容易，就是将容易的事做千遍万遍做对。平凡与不凡只一步之遥，从我做起。从节约一滴水、一度电、一克煤做起，从自身岗位做起，持之以恒。你我就是成功者，你我就是伟人。只要坚持从小事做起，并坚持下去。你很快就会发现一美元的真正价值。

"非淡泊无以明志，非宁静无以致远。"出自诸葛亮54岁时写给他8岁儿子诸葛瞻的《诫子书》。这既是诸葛亮一生经历的总结，更是对他儿子的要求。鲁迅先生说："生活太安逸了，工作容易被生活所累。"一个人的脑子，容量总是有限的。这方面想得多，那方面就想得少了。脑子里过多地想着一顿佳肴、一件漂亮衣服、一架好无线电收音机之类，就不可能有更多的精力和时间去考虑工作。

不追求名利，生活简单朴素，才能显示出自己的志趣；不追求热闹，心境安宁清静，才能达到远大目标。是的，古往今来，每一个成功人士，无不是"节欲励志"的。让节欲成为一种风气，相信国家定会永远繁荣昌盛的。

第四章 廉洁节俭，戒奢拒腐
——晏子原来这样说廉政之道

廉让为上，怨利生孽

【原典】

晏子曰："廉者，政之本也；让者，德之主也……廉之谓公正，让之谓保德。凡有血气者，皆有争心，怨利生孽，唯义可以为长存。且分争者不胜其祸，辞让者不失其福。"

【古句新解】

晏子说："廉洁，这是治政的根本；谦让，这是美好品德的主体……廉洁讲的是要公正无私，谦让讲的是要保持美德。凡有血气的人，皆有争强好胜以致争夺占有之心，但是，结怨贪利就会生出灾祸来，只有道义是真正长久地存在的。凡瓜分争夺的人，都会面临难以承受的灾祸，而谦让的人反而不会失掉他的幸福。"

自我品评

廉正就是廉洁正直。廉洁就是不损公肥私，不贪污；正直就是公正坦诚。廉洁正直就是甘于奉献，大公无私，刚正不阿，铁面无私，秉公执法;富贵不能淫，贫贱不能移，威武不能屈。廉洁是治政的根本，说了三千年，然而三千年里不廉洁之官从未肃清过，历朝历代都有因贪污腐败而落马的达官贵人。廉洁的真正实现，恐怕单靠道德宣传、启发觉悟是不够的，必须还有切实可行的监督制度和足具威慑力的惩罚条例加以规范，否则廉洁就仍是一句空话而不能真正实现。

领导者常面临很多利益上的诱惑，此时，必须保持清醒的头脑，要想当个好官就不能以求利为目的。不是吗？如果你要的是金钱、财富，何不去做生意，自己赚钱自己花，何其逍遥自在，没人会说三道四，但一旦站到了为官的起点上，就要把做清官作为自己终生的道德要求。

明朝名臣于谦是一位民族英雄，与岳飞、张苍水并称"西湖三杰"。他为官清廉，关心百姓，不畏强暴，刚正不阿。

正统十四年（1449年），蒙古瓦剌部围攻北京，在此危难之际，他任兵部尚书，主持军事，成为"救时宰相"。此后一直主持朝政。天顺元年（1457年），"夺门之变"后被害。

宣德初年，他受命巡抚按江西，他到任后，平反冤狱，打击富豪，为民请命，安抚流离，政绩卓著，很快便得到明宣宗的重视，亲自手书于谦之名授与吏部，任命于谦为兵部右侍郎，巡抚山西、河南，当时他年仅三十三岁。

正统六年，于谦上书说："现在河南、山西各自储存了数百万谷物。请于每年三月，令各府州县上报缺粮的贫困户，把谷物分发给他们。先给菽秫，再给黍麦，再次给稻。等秋收后还给官府，而年老有病和贫穷无力的，则免予偿还。州县吏员任满应该提升时，储存预备粮达不到指标的，不准离任。并命令监察官员经常稽核视察。"下诏令照此执行。河南靠近黄河的地方，常因水涨冲缺堤岸。于谦令加厚防护堤，计里数设置亭，亭有亭长，负责督促修缮堤岸。又下令种树、打井，于是榆树夹道，路上没有干渴的行人。大同单独远在边塞之外，巡按山西的人难于前往，奏请另设御史管理。把镇守将领私自开垦的田全部收为官屯，用以资助边防经费。他的威望恩德遍布于各地，在太行山的盗贼都逃跑或隐藏起来。

于谦居官三十五年，一直兢兢业业，不贪私利，将一世清白留在了人间，深为后人称颂。当时，官场腐败，贿赂公行。尤其是英宗即位后太监王振把持朝政，勾结内外贪官污吏，擅作威福，大臣进京，必须馈送重金厚礼，否则后果难堪。然而于谦一身正气，决不随波逐

第四章 廉洁节俭，戒奢拒腐
——晏子原来这样说廉政之道

流。他每次进京，只带随身行装。好心人怕他遭殃，劝说："你不带金银人京，也应带点土特产品送一送啊！"他举起袖子笑笑说："我带有两袖清风！"于谦身居兵部尚书大任后，"口不言功"，"日夜分国忧，不问家产"，"所居仅蔽风雨"，常被"错认野人家"。他曾作诗形容他的床"小小绳床足不伸，多年蚊帐半生尘"。他遭诬诡被杀，抄家时，竟"家无余资"。抄家者见正屋紧闭，还上了锁，认为必是钱财藏其内，打开一看，原来都是皇帝赏赐的物品。

于谦死后，石享的党羽陈汝言代任兵部尚书，不到一年，贪赃累计巨万，英宗召集大臣去看，变了脸色说："于谦在景泰年间受重用，死时没有剩余财产，陈汝言为什么那么多。"石享低下头不能回答，天顺三年（1459年），石享被关进监狱，第二年死在那里。天顺五年，曹吉祥谋反全族被处死，于谦的冤案才真相大白。

于谦曾经在16岁那年，写下了脍炙人口的《石灰吟》："千锤万凿出深山，烈火焚烧若等闲。粉骨碎身浑不怕，要留清白在人间。"这正表明了他一生为官的原则：不与世俗同流合污，坚持自己的理想，清廉刚正，为国为民鞠躬尽瘁，死而后已。

托尔斯泰说过："欲望越小，人生就越幸福。"人人都有欲望，都想过美满幸福的生活，都希望丰衣足食，这是人之常情。但是，如果把这种欲望变成不正当的欲求，变成无止境的贪婪，那我们就无形中成了欲望的奴隶了。我们常常感到自己非常累，但是仍觉得不满足，因为在我们看来，很多人比自己的生活更富足，很多人的权力比自己大。所以我们别无出路，只能硬着头皮往前冲，在无奈中透支着体力、精力与生命。扪心自问，这样的生活，能不累吗！被欲望沉沉地压着，能不精疲力竭吗！静下心来想一想：有什么目标真的非让我们实现不可，又有什么东西值得我们用宝贵的生命去换取？

古人云："达亦不足贵，穷亦不足悲。"当年陶渊明荷锄自种，嵇叔康树下苦修，两位虽为贫寒之士，但他们能于利不趋，于失不馁，于得不骄。这样的生活，也不失为人生的一种极高境界！

135

人生好像一条河，有其源头，有其流程，有其终点。不管生命的河流有多长，最终都要到达终点，流入海洋，人生终有尽头。活着的时候，少一点儿欲望，多一点快乐，有什么不好！

在名与利的诱惑下，能清楚地认识这个道理是很不容易的。有的人为了名和利铤而走险，最终身败名裂，有的人是为了名和利什么事情都敢做。

人生就是一个名利场，时时处处充斥着各种诱惑。但它又不只是一个名利场，每个人都应该想到在世上留下些什么，而不是他自己得到了什么。做人不应"享一时之寂寞，取万古之凄凉"，追名逐利时，奉劝诸君少些贪欲，多些知足，莫为名利遮断眼，到头来也不过是一场虚空，甚至会赔上你的身家性命。这又是何苦呢？

第四章 廉洁节俭，戒奢拒腐
——晏子原来这样说廉政之道

富而有度，利过则败

【原典】

晏子曰："富，如布帛之有幅焉，为之制度，使无迁也。夫民生厚而用利，于是乎正德以幅之，使无黜慢，谓之幅利。利过则为败。"

【古句新解】

晏子说："富有，就如同布帛一样，应该有一定的幅度，即给富有规定一个限度，并且使之不能改变。人民百姓总是喜欢生活优厚富有而器物使用便利，所以才需要用公正的品德加以教育使之遵守，让道德不因财富而被废弃或轻慢，这就是所谓的限制私利。私利太多了就会败坏道德。"

自我品评

商人经营的不是商品，而是源源不断的人气。无数的现实，也在无时无刻地告诉我们，为了一己之利而干害人勾当的商人，自以为总能侥幸得逞，殊不知，这只是鼠目寸光的表现，每每到最后，不是"偷鸡不成蚀把米"，就是"赔了夫人又折兵"。幸而在现实生活中，大多数商人都懂得恪守自己的职业道德，因为他们明白讲职业道德，不仅对社会有好处，即便是对于自己，也是有百利而无一害！

正因为富有与道德相悖成为历史，所以历代朝廷在发展生产水平的同时，必采取种种限制富有的政策，如裁富补贫、抽税限富等等。在历史发展中，这是可以理解的，也是应该的。

赚钱是商人的天性，无利欲就不会成为一个成功的商人，与此同时，如同"不想当将军的士兵，不是一位好士兵"一样，不想去赚钱谋利的商人，也不是一个好商人。然而，经商的主体毕竟都是人，是人就不能违背最起码的道义良心，否则，别说当"将军"了，可能连"士兵"也会丢失掉。幸而在这个世界上还是仁商居多，如旅港福建商会理事长王为谦便是其中一个。

旅港福建商会理事长王为谦，祖籍是福建晋江，1950年，他原本是想去菲律宾谋生，但由于当时的入境手续受阻，最后，只能滞留在香港。当时他在一家侨民公司打工，然而，非常不幸的是，他工作的那家公司，因资金周转不灵而倒闭了，流落他乡的王为谦，顿时面临着失业的危机。

1953年，王为谦用自己的积蓄，再加上亲朋好友的支持，创办了香港新元贸易公司。经历过磨难的他，非常注重信誉，当时，公司的进出口贸易，都是采用赊账的形式，然后再分期付款，双方唯一凭借的就是一个"信"字，而当时做生意的王为谦，最著名的一句口头禅就是："一个人没有信用，他就难以立足！"而王为谦就是以信誉，在商界稳稳地站住了脚跟。

王为谦以贸易起家，但却从不贪图暴利、乱加价宰人，而是薄利多销，来价多少，自己应得利润多少，他都会一一告诉贸易伙伴，其以诚待人的经商方式，为自己聚拢了一批长期客户。其中，就有两家日本电器厂商，看中了他的诚实可靠、进取心强，而愿意将自己的电器产品交给"新元"，来开拓海外市场，随后，王为谦又成为了TDK的总代理，生意也逐渐开始向多元化发展。

有一次，新元公司的一批货物到了菲律宾后，由于对方公司遇到困境一时拿不出钱，面临交了货却收不回钱的局面，王为谦没有强硬地去催讨，而是用一颗仁义之心，给了对方充裕的还款时间，尽管这批货款的周转失灵，将会导致公司面临倒闭。就在这时，那些昔日获得过王为谦帮助的商家，都纷纷主动慷慨解囊，帮助他渡过了这一难关。

第四章 廉洁节俭，戒奢拒腐
——墨子原来这样说廉政之道

就这样，经过四十多年的创业、发展，王为谦创办的新元贸易公司在中国、印尼、美国、加拿大等地，都已经设立了子公司或分公司。谈起这一商业王国的建立，王为谦总是自谦地说："还差得远，我谈不上成功，我的经历，只能说是一部充满艰辛的创业史。创业之初我手头无钱，但我坚持对人处事，以信、诚、勤三字相待，而这三个字，就是我取得一点成绩的出发点与根本。"

不可否认，王为谦的成功，说明了人品对于商人的重要性，我们的人品有多高，我们的财富就有多厚，倘若商人不讲职业道德，便如同"杀鸡取卵、自掘坟墓"一般，最后只能以失败而收场。做生意不可利为先，而德置后，否则，不但会迷失人性，更会迷失商业的方向！

唐·弗尔塞克就因为坚守了信誉，才使得自己的多米诺皮公司闻名于世。

美国有一家多米诺皮公司，作为这家公司的总裁唐·弗尔塞克，非常注重商业信誉，因为他们的企业经营方式非常有特色，那就是向所有人承诺，他们能在30分钟之内，将客户所订的货物，送到任何其指定的地点，自唐·弗尔塞克做出这个承诺以后，始终坚持维护自己良好的信誉，也正因为有了这个独特之处，使得"多米诺皮"在众多的竞争对手中，一直都立于不败之地。

与此同时，为了这一个极富挑战性的承诺，唐·弗尔塞克可谓是煞费苦心，因为这必须保证自己公司的供应部门，在任何时候都不能中断公司分散在各地的商店与代销点的货物供应，假如这些分店与代销点，因商品供应不及时而影响客户的利益，那么，多米诺皮公司的损失便难以估算了。

这一天，唐·弗尔塞克的多米诺皮公司出事了。

多米诺皮公司的长途送货汽车，在运输货物的过程中出现了临时故障，然而，车中所运的货物，却是一家老主顾急需的生面团，一时间，所有人都乱了阵脚，不知道该如何是好，不少人主张给这位老主顾打个电话，相信他是能够理解的。当唐·弗尔塞克知道了这一状况后，当即决定包一架飞机，以将那些生面团送往供销店，于是，生面团非常及时地被送到了那个老主顾的商店里。

"就几百公斤的生面团，值得用一架飞机去运送吗？"当时，有很多员工都对总裁的做法不理解，出于对公司的关心，这些员工提出了自己的疑问："货物的价值，还抵不过运费的十分之一呢，您这样做只能是得不偿失！"

然而，唐·弗尔塞克总裁却回答道："的确，你们一定会感到很奇怪，也许，就表面来看，我们亏了很多，但是，即使我们情愿赔这些钱，也绝不能中断了供销店的供货，因为这一架飞机不仅仅为我们送去了几百公斤生面团，而且，它还送去了我们多米诺皮公司始终不变的信誉！"

虽然，我们都喜欢说"无商不奸"，但这并不意谓着商人可以去欺骗消费者，恰恰相反，这是在提醒商人要时刻铭记自己的职业道德，那些自以为是的小聪明，以为可以瞒天过海，进而获取丰厚的利润，往往结果都毁了自己的信誉，不但弄得元气大伤，甚至就连再次翻身的机会，都很有可能会被剥夺，即使这一次是诚心诚意地想悔改，也已经无济于事了。

最受尊敬的企业是一个以德为胜的企业，不见得能够在短期，或者说是在某一市场取得胜利，但是长远来看，这种良好的德行，或者说有德的企业文化，注定能够保证企业在风吹浪打的经济大潮中，披荆斩棘，凝聚人才，凝聚人气，以"有德"的精神，铸就长久发展的基石。因此说，要把"富而有度，利过则败"作为座右铭。

第四章 廉洁节俭，戒奢拒腐
——晏子原来这样说廉政之道

富而不骄，贫而不恨

【原典】

晏子曰："富而不骄者，未尝闻之；贫而不恨者，婴是也。所以贫而不恨者，以若为师也。今封，易婴之师，师已轻，封已重矣，请辞。"

【古句新解】

晏子说："富有而不骄傲的人，我没听说过；贫穷而不怨恨的，我晏婴就是啊！之所以贫穷而不怨恨，是因为我以贫穷时的美德为宗旨。今天若赐给我封地，是让我改变宗旨，人生宗旨轻了，封赏使人富有了，但我不愿意，所以请求辞掉一切给我的封赏。"

自我品评

晏子曰："富而不骄者，未尝闻之；贫而不恨者，婴是也。"他的另一方面意思是期望每个富有的人都不要骄傲蛮横，失去自我。希望每一个人贫穷的人都要安贫乐道。在富而骄奢和贫而有德中的选择，很可以显现出一个人的思想境界。富而不骄者自古罕见，原因在于富者每每以财富为资本，倚仗身外之物自我膨胀。贫而有德者则时时注意自我形象，绝不会为了钱财而失去自我。为自我价值的实现而生活还是为金钱而活着，是贫而有德者与富而骄奢者的分水岭。

人富贵了，就容易产生骄横之心，主要是因为人不能隐藏富贵，总想着显富，而得到一种心理上的满足。殊不知，因富而骄，不可一世，恃财欺人，往往会引发怨恨，招致祸端。再者，也易引起他人的

141

妒嫉，或是坏人的觊觎，产生劫富之心。下面的故事正是如此。

石崇与贵戚——晋武帝司马炎的舅父王凯斗富。王以麦糖洗锅，石用蜡当柴。司马炎资助其舅斗富，把宫里一株二尺多高的珊瑚树赐给王凯。王拿给石看，石用铁如意把它打碎，王以为石嫉妒，大吵起来。石便命人把自己的珊瑚树全部搬出来，任王挑选。其中高三四尺的珊瑚树就有五六株，比自己多的多，王傻眼了，只好甘拜下风。

石崇在河阳的金谷盖了一栋别墅，十分豪华。他经常和爱妾绿珠在此游乐。绿珠聪明美丽。当时赵王司马伦专权，其谋臣孙秀听说绿珠色艺俱佳，派人向石崇索求，石崇不肯，对使者说："绿珠是我所爱，别人休想。"孙秀一心惦记绿珠，又觊觎石崇财产，便与司马炎合谋，假借皇帝命令逮捕石崇。石崇正在楼上饮宴，听说武士已到，便对绿珠说："我今天是为你获罪的。"绿珠就跳楼自尽了。石崇临死时候说："这帮家伙是贪图我的家财呀！"旁边的官吏问他："你既然知道，为什么还贪腐？"石崇无言以对。唐朝的诗人杜牧在游金谷园遗址时，曾感慨地写下一首绝句："繁华事散逐香尘，流水无香草白春。日暮东风怨啼鸟，落花又似堕落人。"可见，节俭是美德，奢侈为腐败。

还有一则例子，说的是明朝初年一个著名的大富翁沈万三，他原名沈富。

沈万三竭力向刚刚建立的明王朝表示自己的忠诚，拼命地向新政权输银纳粮，讨好朱元璋，想给他留个好印象。朱元璋不知是想捉弄捉弄沈万三呢，还是真想利用这个巨富的财力，曾经下令要沈万三出钱修筑金陵的城墙。沈万三负责的是从洪武门到水西门一段，占金陵城墙总工程量的三分之一。可沈万三不仅按质按量提前完了工，而且还提出由他出钱犒劳士兵。

沈万三这样做，本来也是想讨好朱元璋，但没想到弄巧成拙。朱元璋一听，当下火了，他说："朕有雄师百万，你能犒劳得了吗？"

沈万三没听出来朱元璋的话外之音，面对如此诘难，他居然毫无难色，表示："即使如此，我依然可以犒赏每位将士银子一两。"

第四章 廉洁节俭，戒奢拒腐
——晏子原来这样说廉政之道

朱元璋听了大吃一惊。在与张士诚、陈友谅、方国珍等武装割据集团争夺天下时，朱元璋就曾经由于江南豪富支持敌对势力而吃尽苦头。现在虽已立国。但国强不如民富，这使朱元璋不能容忍。如今沈万三竟敢僭越，想替天子犒军，但他没将怒意马上表露出来，只是沉默了一会儿，冷冷地说："军队朕自会犒赏，这事儿你就不必操心了。"

朱元璋决定治治这沈万三的骄横之气。

一天，沈万三又来大献殷勤，朱元璋给了他一文钱。朱元璋说："这一文钱是朕的本钱，你给我去放债。只以1个月作为期限，初二日起至30日止，每天取一对合。"所谓"对合"是指利息与本钱相等。也就是说，朱元璋要求每天的利息为百分之百，而且是利上滚利。

沈万三虽然满身珠光宝气，但腹内空空，财力有余，智慧不足。他心想这有何难！第二天本利2文，第三天4文，第四天才8文嘛。区区小数，何足挂齿！于是沈万三非常高兴地接受了任务。可是，回到家里再一细算，沈万三不由得傻眼了：虽然到第十天本利总共也不过512文，可到第二十天就成了52.4288文，而第三十天也就是最后一天，总数竟高达536870912文。要交出5亿多文钱，沈万三只能倾家荡产了。

后来，沈万三果然倾家荡产，朱元璋下令将沈家庞大的财产全数抄没后，又下旨将沈万三全家流放到云南边地。

有钱，所以气壮；有钱，所以自以为有夸耀的资本。这是富而骄横的一种表现。沈万三意欲讨皇上欢心，自夸豪富，结果适得其反。因此，我们必须明白：富不能显，富不能夸，为富要自持，为富有谦恭。这才是长久保持富贵的道理。

其实，富贵本身并没有错，错就错在富贵而不能谦恭有礼。富贵者要克制自己的骄横、贪欲，做到富而好礼、富而仁义。这样，就不会有什么过错了。

晏子说从来没有见过"富而不骄"的人，也并不完全是。下面说的两个人物是与众人想象中的富豪的奢侈形成鲜明对比的，同时也值得我们借鉴。在此你可以看出这些富豪是如何身体力行节俭的。

1. 巴菲特钱包用了二十年

1999年，为了向一家慈善机构奥马尔孤儿院捐款，"股神"巴菲特拍卖了他日常所有的钱包。在此之前的二十年间，巴菲特一直在用这个破旧的钱包。正如巴菲特自己说的："这个钱包没有什么特别之处，但它的历史可以追溯到很久以前。我的西服是旧的，钱包是旧的，汽车也是旧的。1958年以来，我就一直住在这栋旧房子里，因此，我保留了这些东西。"很多人好奇他的钱包里到底装了多少钱，对此他说："我来看看。"然后打开钱包，数了数，大约有八张面值一百美元的钞票。他说："我一般就在钱包里放一千美元左右。"

2. 比尔·盖茨只停普通车位

比尔·盖茨曾经和一位朋友开车去希尔顿饭店。当时饭店前停了很多车，普通停车位很紧张，旁边的贵宾车位却空着不少，朋友就建议盖茨将车停在那儿。

对此提议盖茨却说："噢，这要花十二美元，可不是个好价钱。"朋友坚持自己付，盖茨仍然坚持说这不是个好主意，因为他们是在超值消费。最后在盖茨的坚持下，他们最终将车停在了普通车位。

除此之外，富可敌国的比尔·盖茨平时生活非常俭朴——穿衣服不讲究名牌，没有私人司机，公务旅行只坐经济舱，更值得一提的是他还对打折商品感兴趣。在日常生活中很少和妻子去豪华餐馆就餐。盖茨曾说过一句话："我要把我所赚到的每一笔钱都花得很有价值，不会浪费一分钱。"

对这些巨富来说，奢华不过是面子工程，节俭则是本性使然，在他们内心深处更向往这种最简单的快乐。

看来，节俭在很大程度上来说就是一种远见、一种智慧、一种时尚。而浪费是一条致命的绳索，一旦被它束缚，再想前进就更艰难了。富豪是财富的风向标，同时也是节俭的风向标。因为，他们知道，如果在他们挖到人生第一桶金的时候就挥霍一空，那现在我们就看不到他们富可敌国了。所以，在人人都梦想着成为富豪的今天，我们应该好好剖析一下富豪之所以成为富豪的原因。

第四章 廉洁节俭，戒奢拒腐
——晏子原来这样说廉政之道

取之以义，用之有度

【原典】

晏子曰："厚取之君而施之于民，是臣代君君民也，忠臣不为也。厚取之君而不施于民，是为筐箧之藏也，仁人不为也。进取于君，退得罪于士，身死而财迁于他人，是为宰藏也，智者不为也。"

【古句新解】

晏子说："从君王那里取很多钱财而分给人民百姓，这是臣子代替君王君临天下，忠臣不做这种事。从君王那里取很多钱财却不给百姓，这是把自己当成筐和箱子来收藏财产，仁人不做这种事。在君王那里取得财产，回来却不分给手下的士兵而得罪他们，一旦死去则财产被他人拿走，这是为家臣收藏，聪明的人是不干这种事的。"

自我品评

对个人钱财的处理，正确的原则是：取之以义，用之有度，储之有限。取之以义则无犯罪之虞而心中平安，用之有度则无奢侈之举而品德自坚，储之有限则无灾祸之忧而自给自足。广施钱财而争慈善之名者，钱方尽则名已无；贪吝积财而永不满足者，人一死则财产光。为食死者，飞鸟禽兽；为财死者，行尸走肉。因此说，不仅要取之以义，更要节俭。

节俭是指节约俭省，不随便铺张浪费，是一种美德；而吝啬则指过分地爱惜自己的钱财，该用的不用，是一种人性的缺点。其实在这个世界上有很多人虽然很有钱，生活却很节俭；虽然自己节俭，在帮助别人时却极其大方。其中，亚洲首富李嘉诚就是最典型的一例。

华人首富李嘉诚一直相信"谋事在人，成事在天"的道理，一个人经历的坎坷、挫折与失败，都会成为其成功经验的一部分。他对所谋之事总是在看准目标并深思熟虑后，全力以赴，对结果如何并不作过多考虑。李嘉诚的奋斗历程并非一蹴而就，而是经过屡次失败却又充满信心地再次奋起前行，最终获取成功。他的坚忍与顽强、拼搏与勤奋使他每每为命运所青睐。

李嘉诚学历不高，但他肯去求知，肯去创新，善于利用一切可以利用的资源去争取机会和发展事业。他认为，"在知识经济的时代里，如果你有资金，但是缺乏知识，没有最新的讯息，无论何种行业，你越拼搏，失败的可能性越大。反之，如果你有知识、没有资金的话，小小的付出就能够有回报，并且可能达到成功。"

创业之初，他每天在奔波之余，不忘充实自己的学识，加强自身各方面的素养，补充所从事行业的新知识。但一个人的力量终究有限，每遇大事，李嘉诚均要召集人员，汇合各人的资讯一起研究，集思广益，排除百密一疏的可能。

李嘉诚的成功是他商业才能的成功，也是他做人的成功。谈到做人，李嘉诚更值得钦佩与学习。他将诚信视作生命。诚信是做人的基本原则，也是成就事业的基础，以诚待人，别人也会坦诚相见。信用既是无形的力量，也会是无形的财富。一个人的信用越好，就越能够成功地打开局面，处好关系，做好工作，同时也能更好地驾驭众人。李嘉诚重情重义，以诚待人，赢得了员工的友谊和真诚，为公司赢得稳固的凝聚力。对商业对手，他也重信用，够朋友，只要跟他合作过的伙伴总会成为他的好朋友。他认为："做人最要紧的是让人由衷地喜欢你，敬佩你本人，而不是你的财力，也不是表面上让人听你的。"

李嘉诚虽然资产过千亿，却始终保持着简朴的生活作风。他的财富足以支持其过奢华的生活，但他对自己的要求却是"勤、俭"二字，

第四章 廉洁节俭，戒奢拒腐
——晏子原来这样说廉政之道

他的衣食住行都非常简朴、简单，跟三四十年前一样，没有分别。

富可敌国的李嘉诚心系天下苍生，积极投身于公益慈善事业回馈社会。他一直对生活、对社会满怀感激之情。他认为财富来自于社会，也应该用于社会。按他的说法，如果此生能多做点对人类、民族、国家长治久安有益的事情，人生才更有意义。

1995年12月1日，国际潮团联谊会在港开幕，仪式完毕后，李嘉诚立即被记者包围住，有记者提到"潮州人孤寒与否"的问题。李嘉诚说："潮州人只是刻苦，而非孤寒。"他强调："我绝对不孤寒，尤其对公司、社会贡献方面和在为中国人应做的事上，绝不会吝惜金钱。"

是的，我们已经看到，李嘉诚曾经做过多少善行义举，2006年，他更是将1/3的个人财产捐作公益慈善之用。

李嘉诚不但不孤寒，而且是世上少有的大慈善家，一个悭己不悭人的大慈善家。

"海纳百川，有容乃大。"一个人的强大不仅在于提升自身智慧，凝聚众人智慧更重要。当一个人像李嘉诚那样总抱着一颗坦诚谦虚之心，善纳忠言，广集博采，凡人亦可为超人。如果你在做事的时候，老想着怎样去赚钱，是赚不到钱的。如果做事时，能尽自己最大的努力把事情做好，财富自然就来了。

一个体面的人，一个有尊严的人，一个彬彬有礼的人，一个和蔼可亲的人，到处都受人欢迎，凡是与他交往的人，也都会觉得亲切愉快。一个人有了这种品格，就无异于为自己增添了无穷的资源；一个聪明机智的人，一个做事有板有眼的人，一个养成一身良好习惯、消除了事业误区的人，一个虚心勤奋肯于钻研的人，定会在人生事业的道路上步步走高，拥有很好的前程；一个有生意头脑的人，一个洞察行情的人，一个有着良好的人缘关系和广泛资源的人，一个具有良好的经商心态的人，就能在商场上左右逢源，稳步发展，聚财有道。老老实实做人、踏踏实实做事、实实在在做生意，这就是做人、做事、做生意的铁定规律，是立身处世的法宝，是纵横商场常胜不败的奥秘。

所谓人格力量决定经商的成败，在创立事业的过程中，我们要更新思维、放长眼光、务实创新，遵行以人为本的人文精神，建立个人和企业的良好信誉，积累人脉，拓宽财路，赢得人心，这就是获得成功赢得财富的根本。

古语云："君子爱财，取之有道。"这个"道"，一指规则，二指诚信，三指天地间的敬畏。因为不遵守道德规范，不诚实守信，即会遭受到来自天地间永恒的"道"的制裁。这并非故弄玄虚，其实无论从事商业活动还是做事做人，冥冥中确实有"大道"在主宰一切，那些无视甚而践踏"道"者，最终都会受到"道"的惩罚。用今天的思维来理解，这里的道是指经商者要懂得义利统一，要取之以义，用之有度。

我们提倡做人要节俭，但不是小气，不是吝啬，不是做像葛朗台那样的金钱的奴隶。节俭是我们中华民族几千年来传承下来的美德，我们应该继承下去。可如果为了"节俭"，该花的钱不花，该做的事不做，该救的人不救，就完全违背了节俭的本意。节俭是为了什么？为了不浪费东西，为了把它省下来给需要它的人。这才是节俭的最终目的。所以，节俭不能走极端，说节俭是美德，就苛刻地对待别人和自己。凡事皆有度，这才是真正的节俭之道。

第四章 廉洁节俭，戒奢拒腐
——晏子原来这样说廉政之道

提倡节俭，严于表率

【原典】

晏子曰："君使臣临百官之吏，臣节其衣服饮食之养，以先国之民，然犹恐其侈靡而不顾其行也。今辂车乘马，君乘之上，而臣亦乘之下，民之无义，侈其衣服饮食而不顾其行者，臣无以禁之。"

【古句新解】

晏子说："国君命令我管理百官，所以我节俭自己的衣服饮食及一切供养，以此为国民的表率，就这样，我仍然担心民众奢侈靡费而不顾行为后果。现在您让我乘坐大车而且用四匹马，您乘这样的车马，我也乘这样的车马，民众倘做出不合原则的事，比如奢侈地穿衣吃饭而不顾忌行为结果，我还怎么去禁止他们呢？"

自我品评

只有身先士卒、以身作则、先天下之忧而忧的人，才是表率，才是人们群众所仰慕并愿随之前进的人。为人臣者，理应成为民众表率，最起码应该不搞特殊化，视自己为普通一员，否则，莫称"公仆"、"人臣"。

晏子不仅提出要廉洁节俭，并且身体力行。

在史书中，有多处提及晏婴"食不足"、"食肉不足"、"衣食弊薄"、"乘弊车驽马"、"布衣栈车而朝"。还说他每日的正餐，吃的是糙米饭，只有一荤一素两个菜。一天，齐景公的使者到他家正赶上他

149

要吃饭，就把饭分了一份给使者吃，结果两个人都没吃饱。他穿的是粗布衣，即使祭祀祖先时也不过将衣服和帽子洗干净再穿上而已；一件狐皮大衣，也只是在出使他国或参加盛典时穿，并且一直穿了30多年。

平时上朝，总是乘坐一辆劣马拉的破旧车子，有时甚至走着去。至于住的，照景公的话说，是"宅近市，湫隘嚣尘，不可以居"。

齐景公见晏婴如此清苦，便派人送给他许多钱财。前两次都被他全部退还。第三次他收了下来，将它们转赠给了贫穷的亲友和灾民。之后，他生怕景公再次恩赐，便如实向景公说明了情况，还说："作为一个大臣，将国君的恩赐用于百姓身上，是以臣代君治理百姓，忠臣是不应该干的；不用在百姓身上而收藏起来，那臣下就变成了一个装东西的箱子，仁者是不会干的；上对不起国君，下对不起百姓，只干守财奴的事，聪明的官吏是不会干的。所以，请您千万不要再赏赐臣下了。"景公不解，问："想当年，管仲不也接受了桓公封赏的500个村庄吗？"晏婴便说出了"圣人千虑，必有一失；愚人千虑，必有一得"的话，并"再拜而不敢受命"。

然而，景公总觉得晏婴乘坐的车子与其身份太不相称，所以仍坚持送他一辆由几匹良马驾的好车。晏婴再三谢绝，并坦诚地表示："您让我管理全国的官吏，我深感责任重大。平时，我怕他们奢侈浪费和行为不轨，一直要求他们节衣缩食，以减轻百姓负担。我若乘坐好车，百官们便会上行下效，奢侈之风就会弥漫四方。假如真的到了那个时候，恐怕就无法禁止了。"

接着，齐景公又利用晏婴出使他国之际，"毁其邻以益其宅"，为他新建了一处相国府。但晏婴回京之后，马上从相府搬回了原来低矮狭小的住处，同时将相国府加以改造，分配给了原来住在那儿的人。

后来，景公还决定将富庶的平阳(今山东平阳东北)和棠邑(今山东聊城北)赏赐给晏婴。晏婴表示感激却不肯接受。他说："以往，由于您热衷修建亭台楼阁，致使百姓精疲力尽；由于您迷恋声

第四章 廉洁节俭，戒奢拒腐
——晏子原来这样说廉政之道

色犬马，致使百姓贫困不堪；由于您动不动就对邻国兴兵打仗，致使百姓性命难保。直到现在，百姓们仍在怨恨朝廷和官府。因此，我不敢接受您的赏赐。"景公默默点头，但又问："难道您就不想富贵吗？"晏婴答道："我以为，当臣下的首先要为君主，然后再为自己；先为国，再为家。至于富贵，人人所盼，我怎能例外呢！"景公说："那么，我应赏赐您什么呢？"晏婴随即表示："如果您能下令减免渔盐商人的税收，对农民实行'十一税'，再减轻各类刑罚，这将是我想得到的最大赏赐，我也将永远感激不尽！"景公十分高兴，当即答应了他的全部要求。

晏婴到了晚年，不仅不再接受任何新的赏赐，还向齐景公提出将原来赐他的封地退回去。景公认为：在齐国历史上从未有臣老辞邑的先例，坚决不同意。但二人推来让去，最终还是晏婴说服了他，将封地全部退还，自己仅留下了一辆劣马驾着的破车。

晏婴临终之前，还谆谆告诫家人：丧事要从俭，绝不许厚葬。为官以清，时时处处要和不正之风斗争，但创造清正廉明的政治环境，要想做到理直气壮地制止歪风邪气，揭露他人的越轨行为，首先自己得树立一个良好的形象，晏婴在这方面做得非常到位。晏婴知道，创建清正廉明的政治环境，不是说说就可以做到的，也不是制度建立和颁布了就万事大吉，决策者的以身作则起着十分关键的作用。晏婴一系列拒赏守贫的决策表面看来似乎有些不近人情，实际上其深意在于在全国的官吏和百姓面前做出一种姿态：官，就是要这么当。所以，晏婴从我做起清廉俭约的做法既是保持操守的个人化的决策，更是关系到国家大政方针和政治风气的重大政治决策。

晏婴的做法对于一个身居高位的政治家来说是最难做到的，而无疑也是最有效的。

与晏婴相反，和珅是一个穷奢极欲的代表。

和珅是侍卫出身的，因为特殊的机缘受到乾隆的信任和重用，在他统治的后期把帝国的行政大权交给他，擢升他为宰相（大学士，军机

151

大臣)兼首都治安总司令(九门提督)。和珅有小聪明，熟谙做官技巧，用肉麻的献媚和恭谨的外貌，把乾隆哄得乐呵呵的。和珅的全部行政才能是贪污和弄权，对乾隆重用他的回报是在全国建立一套史无前例的贪污系统，把清帝国的墙基掏空。

全国官员发现，如果不向上级施以巨额贿赂，就要被无情地淘汰出局，甚至被投入监狱，他们不得不适应这一形势。

和珅拥有土地80万亩，相当于西方的几个小国家，他有房屋2790间、当铺75家、银号42家古玩铺13家、玉器库2间。另外还有其他店铺几十处，如布庄粮店等几乎在北京及其他地区都处于垄断市场的地位。他拥有的珍珠宝石远远超过了皇家御用。其收藏之丰富，在当时的世界上可谓无与伦比了。路易十五、路易十六爱好收藏，但倾当时法国之所有，也难以望和珅的项背。仅从和珅家抄出的财产就值白银九亿两。而乾隆时期，整个国家每年的收入才只有七千万两，也就是说，和珅拥有的财产相当于他当政的二十年间清王朝整个国家财政收入的一半还强。和珅堪称当时世界的首富。和珅的生活自然是穷奢极欲，他每日必吃珍珠，他有一件衣服的扣子竟然是用几十只小巧的金表做成。和珅生活的糜烂还表现在他的荒淫上，他拥有无数的小妾和众多的娈童，他的小妾中竟然还有西洋女子……

乾隆死后，和珅也跟着倒台。和珅当权刚好二十年，清朝在他手上由盛转衰。

如此说来，身居高位决定了其对天下人的巨大影响。《淮南子》对此是这样描述的："人主之居也，如日月之明也。天下之所同侧目而视，侧耳而听，延颈举踵而望也。"君主或领导干部如高悬的日月一般为众目所瞩，是民众的表率和榜样，他们的一举一动都有巨大的社会影响力。《淮南子》又说："君人之道，处静以修身，俭约以率下。静则下不扰矣，俭则民不怨矣。"

所以，身居高位者一定要节俭，做好表率。

第四章 廉洁节俭，戒奢拒腐
——晏子原来这样说廉政之道

骄奢淫逸，国必衰亡

【原典】

晏子曰："财屈力竭，下无以亲上；骄泰奢侈，上无以亲下。上下交离，君臣无亲，此三代之所以衰也。"

【古句新解】

晏子说："财力枯竭、生活困难，百姓们就不可能热爱上级官员；奢侈腐败、骄横放纵，这样的官员也不可能与百姓相亲。上下之间离心离德，君臣之间无亲无爱，这就是夏、商、周三代之所以衰败灭亡的原因。"

自我品评

得人心者得天下，失人心者失天下，最易丧失天下人心的，就是奢侈腐败而不顾百姓困苦。大凡身居高位、志得意满者，多忘乎所以，心中只有自己和宠幸之人，而人民百姓则被远抛忘却。上下离心则必生断裂，人民是不会灭亡的，衰败灭亡的只能是上层政权及骄奢背离民众的人。

说起周幽王，我们就会想起遗臭千古的"烽火戏诸侯"。

周幽王在位时，各种社会矛盾急剧尖锐化，政局不稳，地震、旱灾屡次发生。周幽王变本加厉地加重剥削，任用贪财好利善于逢迎的虢石父主持朝政，引起国人怨愤。又废掉王后申后及太子宜臼（申后之子），立褒姒为后，立褒姒之子伯服为太子。申后与宜臼逃回申国。

153

公元前 772 年，申侯联合缯国和犬戎举兵入攻西周，各地诸侯拒不救援，幽王惨败，带着褒姒、伯服等人和王室珍宝逃至骊山，后被杀。犬戎攻破镐京，西周遂亡。

公元前 781 年周宣王去世，他儿子即位，就是周幽王。周幽王昏庸无道，到处寻求美女。大夫越叔带劝他多理朝政。周幽王恼羞成怒，革去了越叔带的官职，把他撵出去了。这引起了大臣褒响的不满。褒响来劝周幽王，但被周幽王一怒之下关进监狱。褒响在监狱里被关了三年。其子将美女褒姒献给周幽王，周幽王才释放褒响。周幽王一见褒姒，喜欢得不得了。褒姒却老皱着眉头，连笑都没有笑过一回。周幽王想尽法子引她发笑，她却怎么也笑不出来。虢石父对周幽王说："从前为了防备西戎侵犯我们的京城，在建造了二十多座烽火台。万一敌人打进来，就一连串地放起烽火来，让邻近的诸侯瞧见，好出兵来救。这时候天下太平，烽火台早没用了。不如把烽火点着，叫诸侯们上个大当。娘娘见了这些兵马一会儿跑过来，一会儿跑过去，就会笑的。您说我这个办法好不好？"

周幽王眯着眼睛，拍手称好。烽火一点起来，半夜里满天全是火光。邻近的诸侯看见了烽火，赶紧带着兵马跑到京城。没想到一个敌人也没看见，也不像打仗的样子，只听见奏乐和唱歌的声音。大家我看你，你看我，都不知道是怎么回事。周幽王叫人去对他们说："辛苦了，各位，没有敌人，你们回去吧！"诸侯们这才知道上了大王的当，十分愤怒，各自带兵回去了。褒姒瞧见这么多兵马忙来忙去，于是笑了。周幽王很高兴，赏赐了虢石父。隔了没多久，西戎真的打到京城来了。周幽王赶紧把烽火点了起来。这些诸侯上回上了当，这回又当是在拿他们耍笑，全都不理他。烽火点着，却没有一个救兵来，京城里的兵马本来就不多，只有一个郑伯友出去抵挡了一阵。可是他的人马太少，最后给敌人围住，被乱箭射死了。周幽王和虢石父都被西戎杀了，褒姒被掳走。

诸侯及大臣共同拥立被废的太子宜臼为天子，即周平王。平王将

第四章 廉洁节俭，戒奢拒腐
——晏子原来这样说廉政之道

都城迁至洛阳。历史上将迁都前称为"西周"，其后称为"东周"。东周始于公元前770年。东周王朝名存实亡，诸侯分争，先后有春秋、战国两个阶段。周共存在八百年，后被秦所灭。烽火戏诸侯，一笑失天下。看似小小的玩笑而已，但是君主竟然为了一个美人而戏弄诸侯，能不寒了天下诸侯的心吗？周幽王能不被人民所痛恨吗？

乾隆皇帝是众说纷纭的皇帝，他最喜爱下江南。他一生中曾六次下江南，同时给国家财政造成了巨大的压力。尽管乾隆三令五申严禁铺张，但地方官员为博得他的欢心，无不绞尽脑汁想方设法投其所好。乾隆在第六次下江南时，写下了"六度南巡止，他年梦寐游"的诗句，表明他做梦都在回想六下江南的风光盛况，言辞之间充满了眷恋。然而乾隆六下江南，排场一次比一次大，耗费一次比一次多，乾隆的南巡集团声势浩大，每次都在万人以上，所到之处极尽奢侈靡费，地方供给极尽华丽壮观，百姓的财富经受巨大的浩劫。

江苏学政（教育厅长）尹会一曾上奏章说南巡造成"民间疾苦，怨声载道"，乾隆大为光火："民间疾苦，你指出什么地方疾苦？怨声载道，你指出什么人载道？"

被乾隆封为"大清第一才子"的皇家教师纪晓岚曾趁便透露江南人民的财产已经枯竭，乾隆怒不可遏："我看你文学上还有一点根基，才给你一个官做，其实不过当作娼妓豢养罢了，你怎么敢议论国家大事？"

乾隆下江南比康熙南巡阔气奢靡多了。从北京到杭州，他在沿途建造了三十个行宫。乾隆乘的御舟被称为安福舻、翔凤艇，共有五艘，制作工艺极其精美。整个南巡船队共约有一千多只船。一路上吃的、用的，就连喝的水，都由沿途各地事先做好准备。

乾隆除了下江南游荡猎奇外，还耗费巨资在北京西郊营造繁华盖世的皇家园林"圆明园"。东造琳宫，西增复殿，南筑崇台，北构杰阁，说不尽的巍峨华丽。又经文人学士、良工巧匠，费了无数心血这里凿池，那里叠石，此处栽林，彼处莳花，繁丽之中，点缀景致，不

155

论春秋冬夏，都觉相宜。又责成各省地方官，搜罗珍禽异卉，古鼎文彝，把中外九万里的奇珍，上下五千年的宝物，一齐陈列园中，作为皇帝家常的赏玩。从前秦二世胡亥筑阿房宫，陈后主起临春、结绮、望仙三阁，隋炀帝营显仁宫芳华苑，华丽也不过如此，所不同的是前两位是著名的亡国君王。

乾隆的挥金如土，使康熙、雍正辛苦搜刮的"家当"很快被消耗殆尽。如此奢侈，无疑成为乾隆中叶国势渐衰的原因之一。

节俭对象只求实用不求华丽，吃饭只求吃饱和达到营养目的就够，不必吃得高档。街上许多辛勤的拾荒者要吃顿饱饭都那么不容易，而一些人却能一餐吃上万块，还是用公款，饭菜非要吃剩一大半才叫有面子，才叫派头。买衣服一定要买最时尚的最流行的最名牌的，要是他们能把这些钱节省下来顺应天的意志去帮助有困难的人那多有意义啊！因此节俭对世界上每一个人都是非常必要的。

骄奢淫逸则困，勤俭节约则昌，自古皆然。远古时期，物质匮乏，节俭便成为兴国利民的重要手段。没有勤俭节约的精神作支撑，国家是难以繁荣昌盛的，社会是难以长治久安的，民族是难以自立自强的，企业是难以持续发展的。因此说，如果统治者骄奢淫逸，那么国家必然衰亡。作为个人也是应该引以为戒的。

第五章 忠心事君，忠诚报国
——晏子原来这样说为臣之道

在中国传统文化中，"忠、孝、礼、义、信"一直是各阶层人士共同遵奉的行为准则，而在五字之中，"忠"排在第一，可见其地位之重要性。最初时，忠指的是为人诚恳厚道、尽心尽力。最早的文献，对忠的解释基本没有跳出它的原始意义，也没有后来被引申出的忠于他人、忠于君主、忠于国家等诸多含义。而晏子认为，对昏君暴君没必要忠，可以抛弃，甚至可以指责。晏子有关为臣之道方面的言论和实践，可以说是态度鲜明并对当时及后世影响极大。

第五章 忠心事君，忠诚报国
——晏子原来这样说为臣之道

顺逆之道，关乎社稷

【原典】

晏子曰："君正臣从谓之顺，君僻臣从谓之逆。"

【古句新解】

晏子说："国君公正而臣下服从，这叫顺从；国君邪僻而臣下服从，这叫背逆。"

自我品评

顺从和背逆的标准，不应该是个人而应该是真理，无论面对的是君王、师长还是父母。不同时期、不同环境、不同问题，应该是谁掌握了真理就服从谁，而不是谁权力大就服从谁。这本不应成为问题，但中国封建社会太久，影响太深，"朕即国家，朕即真理"、"口含天宪"、圣旨必须绝对服从，直到"下级服从上级"、"天下无不是的父母"等等，深入人心，难以克服。尽管晏子的警告已经两千五百年，尽管历代贤哲对此都有议论，包括韩愈也强调"道之所存，师之所存"（《师说》），但迄今仍难改"人治大于法治、权力大于真理"的积习。这种痼弊，倘不是君主们首先革除，而仍是臣民们呼吁，怕是永远难以克服的了。不走上真正的法治，就不会有真理的地位；在"官本位"的社会里，真理往往是仆从。

希腊的柏拉图学园里，有个30多岁的年轻人在院子里走来走去，他低着头，嘴里不停地嘟囔着，一边嘟囔，还一边摇头。看上去，有个重大问题正困扰着他。

这个年轻人叫亚里士多德，他17岁的时候就被父亲送到当时最著名的大学问家柏拉图那里学习了。亚里士多德学习非常勤奋，人也很聪明，很喜欢钻研，他从老师那里学到很多知识，还看了很多书，有些书连柏拉图都没有看过。很快，他就成为柏拉图学园里学问最渊博的人，大家都说，有什么问题不懂，就去问亚里士多德吧，他肯定知道。所以，其他同学都很敬佩他，老师柏拉图也很喜欢他。

但是最近一段时间，聪明渊博的亚里士多德被一个问题困惑住了，而且整个柏拉图学园里没有人能帮助他。这究竟是一个什么问题让亚里士多德这么困惑呢？

原来，自从亚里士多德一进柏拉图学园，老师柏拉图就把自己的理论教授给了他。柏拉图认为人的理念才是最真实的存在，我们看见的树木、花草啊，只不过是我们脑子里想象的树木、花草的模仿，而我们制造出的房子、车子，更是模仿的模仿。所有柏拉图的学生都把老师的理论当作真理，从来都没有人怀疑过。随着看的书越来越多，思考的问题越来越深入，亚里士多德就越来越怀疑老师说的是不是正确。一棵树就是一棵树，是实实在在存在的一棵树，看得见，摸得着，怎么就不是真实的呢？应该先有现实世界中的树，才有思想中的树啊，现实的怎么会反成为思想的模仿呢？

亚里士多德认真地思考着这个问题，终于有一天，他向老师柏拉图提出了自己的疑问。柏拉图想了一下，没有回答亚里士多德的问题，反而说："我看啊，要给你的思想套上缰绳，不然，你会越跑越远，思想不受控制啦，很危险！"

亚里士多德见老师这样回答，就没有再追问。旁边的同学指责他说："亚里士多德，你怎么能怀疑老师的观点呢，要知道，老师是绝对正确的！你这样对老师非常不尊敬！"

第五章 忠心事君，忠诚报国
——墨子原来这样说为臣之道

亚里士多德摇摇头，坚定地说："我爱老师，但我更爱真理！"

后来，亚里士多德就凭着这样的精神，成为举世闻名的大学问家。

做人要有原则。这是为人处世、立身社会的根本。

"我爱老师，但我更爱真理！"这是亚里士多德的为学态度，也是他做人的原则。老师与真理孰轻孰重，在他心中经络分明，是绝不能颠倒混淆的。而这坚定的做人原则，也成就了他一代哲学大师的伟名。

盲目顺从是不可取的。真正的忠诚，是行动而不是语言，真正的忠诚并不是放弃自己的个性和主见，并不是绝对和老板保持一个声音，更不是卑躬屈膝。

约翰先生是新西兰一家大公司的总经理，他需要招聘一位总经理助理，限男性。

经过多项技能的考察之后，一少部分人进入了复试阶段，约翰先生称复试主要是考察应聘者的勇气和忠诚度。这批人集中在公司接待室里，由约翰先生一个接一个叫去应考。

第一位男士被叫进约翰的办公室，他满怀信心地接受考察。约翰先生把他带到一个房间，房间的地板上撒满了碎玻璃，尖锐锋利，让人胆寒。"脱下你的鞋，从房间的这边走到那边，把那边桌上的表格填好后交给我！"约翰先生说。这位男士毫不犹豫地脱了鞋，忍受着剧痛从碎玻璃上面踩过去，当他把表格交到约翰先生手中时，他的双脚已是鲜血淋漓。然而，约翰看也没有多看他一眼，只对他说："去等候通知吧。"

第二位男士被约翰先生带到了另一间锁着的门前说："房间里有一张表格，你去把它拿出来，填好后交给我。"

这位男士推了推门，发现门是锁着的，表示需要一把钥匙。约翰先生说："用你的脑袋把门撞开！"这位男士心想总经理要考察的是勇气，绝不能在总经理面前表现出软弱来，于是，他毫不犹豫地用头撞门，直撞得头破血流，才把门撞开。然而，他得到的依然只是一句

161

"去等候通知吧"。

就这样，一个接一个的"勇士"接受了约翰先生的考察，但都没有得到明确的录用答复。

当最后一位男士被叫到约翰先生办公室时，他被带到一个房门前，房间里坐着一个虚弱的老人。约翰先生对他说："去把那个老人打倒在地，然后把他手中的表格拿到，填好后交给我。"

"你疯了吗？约翰先生！为了一张表格，就让我把老人打倒在地！"

"我是老板，这是命令！"

"这样的命令毫无道理，你简直是个疯子，这份工作我不要了！"

约翰先生什么也没有说，又先后把这位男士带到有碎玻璃的房间前和紧锁着的房门前，但他的要求都遭到了这位男士的严辞拒绝。最后，这位男士非常气愤，准备立即离开这里。这时，约翰先生极力挽留他，并向众人宣布，这位男士被正式聘用了。

那些伤痕累累的"勇士"非常不服气："他什么伤也没有受，算什么勇士啊！"

约翰先生说："真正的勇士是敢于为正义和真理献身的人，而不是一味地听老板的话。你们所表现出来的，既不是真正的勇气，也不是真正的忠诚，而是盲目顺从！我要的，不是愚昧地只忠于我的人，而是敢于坚持真理的人！"

任何一个明智的老板，都会像约翰先生那样，抛弃那些不顾正义一味效忠的人。盲目顺从者，在短时间内可能会得到老板的信任，但时间一长，这些人必然会被老板抛弃。因为，能够成为老板的人，绝对不是傻瓜，只有傻瓜才会心甘情愿一直被骗。

一个人要想成就一番功业，就要努力克服这种人性的弱点，具备一种不怕违逆众人和流俗偏见的勇气，而始终坚持自己正确的观点和看法。当然，坚持自己正确的观点和看法不等于自以为是，深明大义也不等于刚愎自用，但要想有所成就，就需要对自己满怀信心，需要做自己的主人和生活的强者，永远向着自己追求的理想和目标勇往直前。正如我国大文学家鲁迅先生所说："其实地上本没有路，走的人多了也便有了路。"地上从无路到有路，都是人走出来的，因此，重要的是我们应该勇于走自己的路，勇于坚持真理，不要人云亦云，决不轻言放弃自己的人生理想和目标，而盲目追求和别人保持高度一致，那只是一种盲目的忠诚！

是的，"顺逆之道，关乎社稷"，千万不可盲目地听话，要有自己的思维，要做坚持真理的"忠臣"！

同和有别，不可忽视

【原典】

晏子曰："所谓和者，君甘则臣酸，君淡则臣咸。今据也君甘亦甘，所谓同也，安得为和？"

【古句新解】

晏子说："所谓和谐，是说君王如果是甜的，臣下就应该是酸的；君王如果是淡的，臣下就应该是咸的。现在这个梁丘据，君王甜他也甜，这叫相同，怎么能叫和谐呢？"

自我品评

"和同之别"是晏子的著名论断，是在政治问题上的辩证观点。他提出：君臣之间应该"和"而不应该"同"，"所谓和者，君甘则臣酸，君淡则臣咸"，"君甘亦甘，所谓同也，安得为和？"君臣互补而使国家得到治理，这是"和"，即和谐，而那种对君王曲意逢迎、趋同以邀宠的丑行都叫"同"。上有不好的作风，下必有谄媚求同的奴才品格，君臣都应辩证地认识真心辅佐、不同意见、直率批评这些问题。

中国历史上第一个有名的明确因忠君而遭难的大臣叫关龙逄。他是夏朝人，为臣的时间是公元前十八世纪的夏桀时期。夏桀名妫履癸，为夏王朝的第十九任君王，也是禹的第十四代孙。据史料记载，他身材魁梧，力大无穷，以暴虐闻名于世。传说夏桀有个叫施妹喜的妃子，只因妹喜喜欢听绢帛撕裂的声音，夏桀就命人将库存的绢帛成

第五章 忠心事君，忠诚报国
——晏子原来这样说为臣之道

匹地搬出，令宫女撕给她听，以博美人笑颜。出于自己和妹喜享乐的需要，夏桀还大兴土木，专门建造了一个巨大的酒池，酒池装满酒后，夏桀便和妹喜乘船游荡其中，并命岸上乐师伴奏，再让三千多人趴在酒池边上"牛饮"，以讨妹喜欢心。夏桀荒淫无度，反对他的人越来越多，为保住王位，桀专门发明了一种叫"炮烙"的刑罚，为的是震慑群臣。一次夏桀率百官观看炮烙行刑时，特地问大臣关龙逄是否看着高兴，关龙逄说："高兴。"夏桀便说："这太奇怪了，你怎么就没有一点恻隐之心？"关龙逄说："天下人都以为是苦的事情，君王你偏偏觉得很快乐。我是你的手臂，怎么敢不高兴呢？"夏桀听出了关龙逄话里的不满，说道："那就说说你的意见，要是对的话我可以采纳。要是不对我会用法律来制裁你。"面对夏桀的威胁，关龙逄显然恪守了尽心为君着想的忠君之道，他说："我看君王的帽子，像是危石。我看君王的鞋子，像暮春冰。从没有戴着危石而不压死，踏裂春冰而不掉下水淹死的。"夏桀听后大怒，命人将关龙逄抓起来，随后找个借口将他杀掉了。

关龙逄成了忠君而死的第一位名臣，而杀死他的夏桀不久即被成汤所灭，协助成汤灭夏的恰恰是因不想做愚忠之人而从夏逃到商部落的宰相伊尹。成汤灭夏后建起了中国历史上的第二个奴隶制国家商。让成汤没有想到的是，他建立的商朝最后也亡于君主的暴虐。商的最后一个君主纣王帝辛与夏桀一样荒淫无度，他不但开发了酒池肉林等让人叹为观止的"创意"，还经常会做出剖孕妇胎儿、敲路人腿骨的残忍之举。对于纣王的所作所为，臣子们非常担心。纣王的叔叔比干自忖有一颗忠心，多次冒死进谏，劝纣王以国事为重。比干进谏的后果是被纣王当众剖腹挖心，而纣王也因此付出了国破家亡的惨重代价，曾强大一时的殷商王朝最终被周武王推翻，商被周取代。

关龙逄与比干为忠付出了血的代价，实在令人扼腕叹息。他们虽然都落得了悲剧的下场，但他们对君王不曲意逢迎、趋同以邀宠的精神永存。

职场上有这样一些人，他们狭隘地理解忠诚，并且是无条件地效忠。其次，他们认为忠诚于老板就是绝对听老板的话，不论老板对与错。在企业里，一些员工在老板面前唯唯诺诺，老板说一他也跟着说一，老板说二他也跟着说二，心中虽然有自己的看法，但不敢说出来。有时，明明老板是错的，他们也大呼老板伟大、老板英明。他们以为，完全和老板的论调保持一致就是忠诚，完全听老板的话就是忠诚，更有人把忠诚与拍马屁混为一谈。他们对老板阿谀奉承，凡事都只讨老板开心，工作中总是报喜不报忧。

曾经流行过这样一句话："第一，老婆永远是对的；第二，如果老婆做错了，请参看第一条。"这句话很快被职场的人套用了："第一，老板永远是对的；第二，若是老板错了，请参看第一条。"每一个老板做出决策的最终目的都是让自己的企业更好地发展，在他做出不利于公司发展的决策的时候，他也希望旁边有一个人能及时地跟他沟通，让他可以及时地收回这样的决策，以避免造成更严重的失败，而不是在错误发生的时候自己的职员还追在自己的后面，高喊老板英明。

或许你的老板不期待你能成为魏征，能够成为他的铜镜，但是他依然期待有一个或是一群有创造力的员工，服从却不盲从，认同而不苟同。

现代职场里，忠诚的员工越来越少，而那些善于附和老板的员工却层出不穷。一些宣称"绝对忠诚"的员工，实质上是一些无能之辈，他们干不出好的业绩来，只好伪装出忠诚的面孔来讨好老板。这样的忠诚有什么意思呢？

请想象一下，老板下达了一个错误的决定，你会一声不吭地执行，直到他自己发现为止吗？你曾经考虑过服从和盲从之间的分寸在哪里吗？你真的认为自己毫无条件、毫不保留地服从老板并且放弃自己的个性和判断力你就可以成为老板眼中的忠诚员工吗？

相信你已经有了答案，其实，服从是一门艺术，只有长期地坚持才会知道其中的奥妙。服从不是不辨是非，绝对愚忠于自己的老板，

第五章 忠心事君，忠诚报国
——晏子原来这样说为臣之道

而是保持清醒的头脑忠诚于自己的职业，服从老板正确的命令。盲目服从的恶果会由你和老板一起承受，别认为只要服从了，出现问题就只是别人的事情。

所以，忠诚是一种准则，是要用行动来证明的，不是阿谀奉承、谄媚献好。老板之所以能成就一番事业，看人的眼光是很独特的，他也是从基层一步步做起的，所以想要以一时的盲从来蒙蔽老板，可能会过关，但是不可能长久。忠诚不是说出来的，你行动的表现形式也能反映出心理状态，日久见人心，所以不要和公司和老板玩躲猫猫，虚伪的人很快会被淘汰，诚实的人永远是最卓越的。

是一心为公而敢于提出自己哪怕是与上司不同的意见，还是一心为私而刻意趋同于上司，这是"和"与"同"的根本区别。所以，"和"与"同"的差别，首先是品德上的差别。

忠诚不应该成为掩盖自己无能的借口。作为一个企业的员工，对自己的职业忠诚是最基本的忠诚。既然你决定忠诚于一个企业，你就应该努力地提高自己服务企业、发展企业的技能，为企业创造实质性效益。因此说，真正的辅佐都是补充、纠正，是指出不足之处，这才是上下级之间的互补，而这种互补才是和谐，才是事业发展的保证。

得失进退，权变相宜

【原典】

晏子曰："君子之事君也，进不失忠，退不失行。不苟合以隐忠，可谓不失忠；不持利以伤廉，可谓不失行。"

【古句新解】

晏子说："君子侍奉君主，应该做官不失忠诚，退隐不失品行。不苟且迎合而失去忠诚，就叫不失忠；不贪求私利而伤害廉洁，就叫不失行。"

自我品评

人生在世，贵在操守；无论进退，必有原则。晏子提出"进不失忠，退不失行"，与同时代的孔子及稍后的孟子所提倡的"达则兼济天下，穷则独善其身"，实乃异曲同工。可见，当时的学者、杰出人才，都奉行这种人生原则：环境顺利时就献身国家，成就事业，实现理想。环境不利时就退而修养自身，积蓄才能。无论日后是东山再起还是永远沉寂，退离朝廷之后的形象更惹人注意，所以必须永远修养美德，既不同流合污、随俗沉浮甚至腐败变质，也不怨气冲天甚至自暴自弃、丧失理智。这种进退都是保持或追求完美人格形象的处世原则，终于成为中华民族传统美德之一。

凭借伪忠与真智，勾践实现了复国的梦想。在勾践复国的过程中，范蠡一直起着重要的作用，事实上勾践的许多做法也是出自范蠡的谋

第五章 忠心事君，忠诚报国
——晏子原来这样说为臣之道

划。范蠡帮助勾践取得成功后，被勾践拜为上将军，可谓权倾朝野。范蠡却没有在这个位置上待太长的时间，与吴国的最后决战结束不久，范蠡就向勾践提交了辞职的奏折，在辞职奏折上，范蠡对勾践说："我知道当君王有事困扰的时候，做臣子的理所当然要为他分忧，君王因亡国受辱的时候，做臣子的则需以死谢罪才对。当时主公被吴王欺辱，臣本该那样去做，之所以没有以身殉国，是因为盼望着能留下来为主公报仇雪恨。现在吴王对主公的侮辱已遭清算，我也该来领受当初该受的罪过了，所以希望主公能批准我辞职回乡。"

看了范蠡的辞职请求，勾践很是不解，他对范蠡说："你现在的功劳像山一样高，我甚至想把江山的一半跟你分享，你怎么反而会提出离开的要求呢？"范蠡听了勾践的话，并没有感到安心，他知道这只是勾践一时的想法，用不了多长时间，勾践多疑暴虐的本性就会显露出来。于是，将一切安排妥当之后，范蠡悄然弃官而去，告别了他为之服务多年的故土。

范蠡离开越国后，文种成了勾践身边最大的功臣，按理说最应该受到勾践的重用了，深知勾践为人的范蠡却不这么认为。为了保护昔日的战友，范蠡特地让人将一封信带给文种。信上说：天上的鸟一旦射没了，好的弓箭就要收藏起来；田野上的兔子一旦抓完了，捕猎的狗就要被杀掉煮着吃掉。我发现勾践不是一个可以共享乐的君王，你应该马上离开他才好。文种看过信后，觉得范蠡的话很有道理，便向勾践请了病假，称病不再上朝，只等着能找个合适的时机提出辞职。勾践了解了文种的心思，深知文种才能的他生怕文种离去后会对自己不利，便起了干脆将他除掉的心思。不久之后，勾践找个理由，把文种叫上朝堂，赐给他一把利剑，逼着这位曾与自己受过多年苦难的有功之臣自杀。

范蠡与文种同朝为臣，都是贤德有才的忠贞之臣。他们一起经历了与越王勾践艰苦复国的整个过程，却落了个大不相同的结局，原因在于范蠡要比文种更认得清时势，也就是说，范蠡与文种都是有才的

169

人，但范蠡更聪明一些。范蠡忠而有智，才保证了自己免受灾祸。据说范蠡离开越国后到了齐国，改名为鸱夷子皮。齐国人知道他有很好的品德和很高的才能，就请他当宰相。此时的范蠡已厌倦人世纷争，也看透了官场本质，因此在齐为相不久又辞官到了当时的商业中心陶（即今山东的定陶县）定居经商，自称"朱公"，"陶朱公"这一称谓由此而来。在陶的日子里，范蠡苦心经营，很快成为战国时最著名的商人之一，后世商界还一度将他奉为商业的鼻祖加以供奉。

与范、文的际遇相似的，还有汉初三杰中的二杰张良、韩信。

在楚汉战争中，韩信拥兵数十万，叱咤疆场，屡出奇谋，战必胜，攻必克，特别是垓下一战，一举击败楚霸王项羽，威震海内，名满天下。但韩信不仅不知急流勇退的道理，反而好大喜功，自恃功劳大，以致言行不加检点。明清之际的著名学者王夫之在《读通鉴论》中曾有这样一番评论：韩信初定齐地，就请高祖封他为齐王，可见韩信不逊之心由来已久。怀着买卖之心侍奉君主，君主知道了你的目的，货虽已售出，但君主心中已积下了怨恨。"这种以"利"相结合的君臣关系是秦汉之际的特殊现象，这种因政治实力和利益关系的结合使君臣之间猜忌和互不信任的情况随处可见。刘邦对韩信就极不放心，故垓下之战一结束，刘邦就改封他为楚王。不久，刘邦采纳陈平的计谋，借口游云梦泽，大会诸侯，一举擒拿韩信，然后把他贬为淮阴侯。这时的韩信犹不知自省，对汉高祖心怀怨恨，称病不朝，终于落得被刘邦夷灭三族的悲惨下场。

当然，韩信的被诛杀，最根本的原因还在于刘邦的猜忌，不能容忍功高权重的大臣，必欲置之死地而后快，同时也与韩信本人居功自傲、不能谦柔自守有关。

与韩信不同，张良在功成之后能够善处君臣关系，不仅使自己得以免除祸患，而且对汉王朝的稳定也有一定的好处。

张良是秦汉之际出色的谋略家。他辅佐汉高祖，策无遗算，运筹于帷幄之中，决胜于千里之外，使刘邦的势力由小到大，由弱变强，

第五章 忠心事君，忠诚报国
——墨子原来这样说为臣之道

最终统一了天下。张良虽被汉高祖称为"人杰"，却没有自恃才高的傲气，其志在为韩报仇，而视功名利禄为鸿毛。当天下统一后，高祖以齐地三万户封张良，张良婉言谢绝，只愿封为留侯。随即以体弱多病为由向高祖告假，表示从此不问世事，愿从赤松子游，修炼导引辟谷之术。此后他便闭门不出，不再过问世事。

张良在大功告成之后不图酬报，引身而退，因此高祖对他毫无戒备之心，始终把他当做最可信赖的人。高祖晚年甚至把太子也托付给张良。张良虽然胸藏韬略，但他心怀坦诚，光明磊落，淡于功名，甘心寂寞，急流勇退，与世无争，因此始终得到汉高祖的信任。

无论君主还是臣下，职责都是创业和守业、发展事业；作为臣下，应该辅佐君主而永远不能忘记职守。创业固然考验臣下的精神与能力，而能否守业、继续发展事业则更是对臣下忠诚与正直的考验。曾共患难，成功之后就放弃职责而与君主共图享乐，甚至怂恿君主腐化的人，不懂得失进退，是国家的罪人，其前功尽弃。因此，凡为臣下，一旦献身国家，就须至死不渝，晚节不忠者，不足为训。

善为人臣，声名归君

【原典】

晏子曰："古之善为人臣者，声名归之君，祸灾归之身。入则切磋其君之不善，出则高誉其君之德义。是以虽事惰君，能使垂衣裳，朝诸侯，不敢伐其功。"

【古句新解】

晏子说："古时候善于做臣子的人，会把好名声都推给君王，而把所有祸灾恶名留给自己。入朝在国君面前就切磋讨论君王的缺点错误，出朝在他人面前则很真诚地赞誉君王的德义。所以，即使侍奉怠惰的君主，也能让君王治政不费力、在诸侯中有威望，而自己绝不夸耀功劳。"

自我品评

这一段话是《晏子春秋》中孔子称赞晏子的话，不是晏子之语，却是晏子言行的写照，因此，也可视为晏子的思想。为人臣者主动承担责任而时时处处维护上级的形象，这种做法，要进行具体分析——从积极意义讲，维护上级领导形象有利于工作和团结，或者还有利于整体形象，于大局有益。从消极方面讲，这仍是"为尊者讳"的表现，有浓厚的愚忠色彩，有粉饰太平的作用。如何既能维护大局，又能直言上级之误而不使事业受损，这恐怕不仅仅是方法问题，更是观念意识问题。

第五章 忠心事君，忠诚报国
——墨子原来这样说为臣之道

刘邦斩蛇起义以后，萧何一直跟随他，刘邦差不多言听计从。楚、汉相争乃至汉朝开国的大政方针，几乎无不出于萧何之手。萧何可谓劳苦功高。但是，不管萧何情不情愿，都要将自己所取得的成绩归功于自己的"领导"——刘邦，以此来保全自己的身家功名。

楚汉战争之初，汉王刘邦令丞相萧何留守关中，辅佐太子刘盈治理郡县，征集军饷，自己则统率大军东讨项羽。公元前204年，楚汉两军在荥阳成皋一线对峙，战斗异常惨烈，但刘邦却接连派出数批使臣返回关中，专门慰问萧何。对此萧何未加注意，而门客鲍生却看出端倪来了，他专门找到萧何说："现今汉王领兵在外，风餐露宿，备尝辛苦，为何反而数次派人慰问丞相您呢？"萧何摇头不知，鲍生接着说道："这是汉王对丞相产生了疑心啊！为免祸端，丞相不如在亲族中挑选年轻力壮者，让其押运粮草前往荥阳从军，如此汉王便不会再有疑心了。"

萧何听后，猛然醒悟，赶紧选了许多兄弟子侄，押着粮草前往荥阳，刘邦一听说丞相不仅运来了军饷，还派了不少亲族子弟来从军，不由得龙心大悦，传令亲自接见。当问到丞相近况时，萧家子弟齐道："丞相托大王洪福，一切安好，但常念大王栉风沐雨，驰骋沙场，恨不得亲来相随，分担劳苦，现特遣臣等前来从军，愿大王录用。"刘邦十分高兴："丞相为国忘家，真是忠诚可嘉。"当即招入都吏，将萧家子弟量才录用，而他对萧何的疑虑也因此而消。

楚汉之争结束后，萧何圣眷更隆，但是刘邦对他的防备之心开始变多了。这年秋天，鲸布谋反，刘邦御驾亲征，他身在前方，每次萧何派人输送军粮到前方时，刘邦都要问："萧相国在长安做什么？"使者回答，萧相国爱民如子，除办军需以外，无非是做些安抚、体恤百姓的事。刘邦听后总默不作声。使者回来后告诉萧何，萧何也没有识破刘邦的用心。

有一次，萧何偶然和一个门客谈到这件事，这个门客忙说："这样看来您不久就要被满门抄斩了。"萧何大惊，忙问为什么。

173

门客说:"您身为相国,功列第一,还能有比这更高的封赏吗?况且您一入关就深得百姓的爱戴,到现在已经十多年了,百姓都拥护您,您还在想尽办法为民办事,以此安抚百姓。现在皇上之所以几次问您的起居动向,就是害怕您借关中的民望而有什么不轨行动啊!如今您何不贱价强买民间田宅,故意让百姓骂您、怨恨你,制造些坏名声,这样皇上一看您也不得民心了,才会对您放心。"

萧何长叹一声,说:"我怎么能去剥削百姓,做贪官污吏呢?"门客说:"您真是对别人明白,对自己糊涂啊!"萧何又何尝不知道这个道理,为了消除刘邦对他的疑忌,只得故意做些侵夺民间财物的坏事来自污名节。没过多久,就有人将萧何的所作所为密报给刘邦。刘邦听了,像没有这回事一样,并不查问。当刘邦从前线得胜回来,百姓拦路上书说相国强夺民间田宅价值数千万。刘邦回到长安后,萧何去见他,刘邦笑着把百姓的上书交给萧何,意味深长地说:"你身为相国,竟然也和百姓争利,你就是这样'利民'的啊?你自己想办法去向百姓谢罪吧!"刘邦表面让萧何去向百姓认错,补偿田价,可内心里却万分窃喜,对萧何的怀疑也就烟消云散了。

有些人工作做得确实很好,也确实为公司创造了巨大效益,因此,他们中的一些人难免居功自傲,以为自己很有本事,认为一次有功就可以永远躺在功劳簿上,摆出一副盛气凌人的架势,颐指气使,飞扬跋扈,自作主张,工作中也不肯配合领导。

其实,他们这样做一方面暴露了他们的浅薄、庸俗,另一方面,也有功高震主的危险。结果,他们理应拥有的一个美好未来也灰飞烟灭。

在美国马萨诸塞州,有一位超市经理管理有方。在激烈的市场竞争中,他率先采用"绩效提成"的管理模式,把销售员的工资与超市的营业额联系了起来。这一改革措施使超市的生意由亏转盈。

这下,这位经理出名了,电视和广播等媒体纷纷前来采访他。他沉浸在成功的喜悦中,在得意和成功之余在媒体上频频亮相,但从未

第五章 忠心事君，忠诚报国
——墨子原来这样说为臣之道

在采访中谈到过领导的功劳，就连记者到办公室来采访时，他也从不引见董事长与他们认识。

当主持人问到这位经理成功的秘诀时，他兴奋地说："这是我多年经验的总结，我研究了很久，才想出这种管理模式，果然获得了成功。"

结果，董事长不满意这位经理的态度，在接下来的几个月中渐渐冷落他。

这位经理就是犯了典型的居功自傲的错误。他认为成绩是自己辛苦工作取得的，与上级领导无关。

古语说："满招损。"不论在官场还是在职场，因为贪功而得罪领导的人不在少数。当员工被胜利冲昏了头脑，把功劳全揽在自己身上的时候，他就在无形之中触犯了领导的权威，他的职场生涯也就会面临新的危机。如果一位员工自认为对企业贡献很大，或者为老板建立了不可磨灭的功绩而从此目中无人，就等于是给自己挖了栽跟头的陷阱。

善为人臣者，懂得不居功自傲，自己功劳再大，也会把功劳让出。职场人士也是如此，这同时也是一种处世的艺术。

忠不预交，坦诚为公

【原典】

晏子曰："尽忠不豫交，不用不怀禄。"

【古句新解】

晏子说："作为臣子，应该尽忠，但不预先结交君主，不被任用时，也不会贪恋禄位。"

自我品评

预先结交某人，然后再表现忠诚，这是对私人的忠诚，是有目的的表现或表演；预先没交往，心中只有对事业、理想、国家的忠诚，这是本质品德的表现。二者一是自私为己，一是坦诚为公，自然不可同日而语。俸禄地位是客观存在，获之以义，无可非议，怀恋贪图则必走上违法之路，个人品德美好更无从谈起。为巴结名人权贵而预先交往，因贪图俸禄地位而百般钻营，皆为名利思想支配，他们与忠诚、勤奋无关，与敬业献身更是南辕北辙。

外戚是中国古代政治一个畸形的产物，他们因近君而受宠，又因受宠而欺君，是一群随时可能登上政治权力顶端却始终不被承认的人物。将大汉王朝一分为东西两汉的王莽即是这样一位被正史排斥的政治人物。

王莽，字巨君，是汉元帝皇后王政君的侄子。汉元帝死后，汉成帝继位，尊王政君为皇太后，王政君的几个兄弟也分别被升官封侯，

第五章 忠心事君，忠诚报国
——墨子原来这样说为臣之道

其中王凤受封为大司马大将军，是王家地位最尊崇的人。

因为王莽的父亲王曼去世较早，王莽一直跟着母亲一起生活，对于大伯父王凤，王莽始终十分孝顺，当王凤生病时，王莽就没日没夜地在床前伺候，连续几个月没有吃过一顿安稳饭，没睡过一个舒服觉。王凤被王莽的孝顺感动了，临死之前，托付太后王政君和汉成帝无论如何要照顾好这个侄子。王凤去世后不久，王莽即被提升为黄门侍郎，后来升为射声校尉。当了官的王莽礼贤下士，清廉俭朴，还常把自己的俸禄分给门客和穷人，一直让人觉得是个有情有义的人，在百姓中间口碑极好。后来，接替王凤当上大司马的王根去世，王莽凭借极广泛的人脉和良好的口碑，坐上了大司马的高位。

当上大司马后，王莽仍然保持着勤俭的作风，连家人的生活也俭朴得让人难以置信。一次王莽的母亲生病了，朝中很多大臣都派夫人前去探望，在王莽家里，她们看到一个穿破旧衣服的妇人，一问才知道是王莽的夫人，王莽的勤俭之名于是传播得更响。与骄横奢侈的王家其他子弟相比，王莽几乎算得上一个圣人，所有的人都认为王莽一定会是王家最有出息的人，王莽自己也梦想着将来能比现在更加风光。

王莽的梦想后来被汉成帝的死打断了，汉成帝死后，汉哀帝继位，汉哀帝信任自己的外戚丁家和傅家，对王莽越来越冷落。王莽看到形势不是太好，便辞职回乡，等待东山再起的机会。丁家和傅家的人掌权后，做了很多让朝野上下都不满的事，人们又开始怀念起原来的大司马王莽。不久，哀帝也死去了，当时年仅九岁的汉平帝即位，王莽重新当上了大司马。重新出山后，王莽就做了一件让人意想不到的事情：他让人假扮一个少数民族国家的使臣前来进贡，然后把功劳归于自己名下。这时的王政君已是太皇太后，自以为得到外夷尊崇的她对王莽非常满意，便依照一些大臣的提议，封王莽为安汉公。王莽再三推辞后，才做出勉强接受的样子，但坚决不要加封的土地。之后，中原发生了旱灾和蝗灾，王莽借机又拿出一百万钱和三十顷地救济灾民，并迫使其他贵族和大臣也不得不效仿。事后，太皇太后把新野的二万

多顷地赏给王莽当作补偿，又被王莽推辞了。

王莽接连几次拒绝封地，好多人都觉得他是个了不起的好人，更加要求加封于他，很短的时间内，就有四十八万多人上书要求奖赏王莽。这时汉平帝才觉察到了王莽的可怕，当他向人们表露出对王莽的不满时，王莽便借祝寿的机会，以一杯毒酒结束了平帝的生命。之后，王莽先是从皇族中找一个两岁的孩子为太子，自己在幕后摄政，接着又撕掉伪装，干脆改国号为新，亲自做起了皇帝，终于将不忠之举做到了极致。

一个没有或缺乏医德的医生不是一个好医生，同理，一个缺乏基本职业道德的员工也不会成为一个好员工。前者会受到患者的抵制及良心与道德的谴责，后者也会丧失很多发展机会，使自己的生存空间越来越狭窄，这与能力和文凭并没有关系。

一个优秀的员工首先应该把公司利益放在第一位，无论何时何地，都要最大限度地维护公司的利益。只有那些时刻将公司利益置于首位的人才会赢得老板的赏识，才能够得到更多的晋升机会与更大的发展空间。

几年前，小邓因为自己没有一技之长，长时间找不到工作。最后终于在一家家具店找到了一份工作，然而每月薪水扣除生活必需的费用后，基本上没有多少剩余。

但是，小邓十分珍惜这份来之不易的工作。平时搬运货物时十分卖力，差不多一个人可以顶两个。隔壁家具店经理是老板的朋友，他们人手紧张时，小邓也会主动帮助他们，尽管这并非他的职责。

一开始，老板将他的努力视作理所当然，丝毫没有给他加薪的意思。后来，小邓因家中有事离开了公司，老板又雇佣了一个人。

相比之下，他这才意识到小邓是一个多么得力的助手。他的朋友责怪他如此糊涂，放走了一个踏实肯干的好职员。后来，老板想尽办法找到了小邓，请他重新回到公司上班，并且将他的薪水一下子涨了5倍。小邓依然一如既往地努力工作，对事业充满了热情，尤其是在选

第五章 忠心事君，忠诚报国
——晏子原来这样说为臣之道

购家具材料上积累了许多经验。随着业务的扩大，店面规模不断扩充，老板新开了一家分店，委托小邓来管理。

一个深怀感恩心的员工，会坚贞而无私，敬业而善良，富有责任感和使命感。一个深怀感恩心的员工，会把对公司的感激，转化为兢兢业业、积极进取的实际行动。懂得感恩的员工是公司稳定和发展的基石，是公司增强凝聚力，提升竞争力，应对经济挑战的法宝及构建和谐企业的催化剂。

忠诚是员工最大的美德，是通向成功的途径，每一个人都能通过培植感恩之心而拥有忠诚，这不能通过外界的力量来获得，你必须自己体会这其中的真谛。

在现代社会劳动分工越来越细，人的生存发展与他人的关联度越来越高。家人、朋友给我们关爱，职业令我们得以谋生，我们无时无刻不在享用他人的劳动成果……要获得就要付出，从这个意义上讲，奉献他人、奉献社会、坦诚为公理所应当。

国家需要忠诚的人，企业需要忠诚的员工。其实，无论方方面面都需要"忠不预交，坦诚为公"的人。

忠臣事君，不尽愚忠

【原典】

晏子曰："故忠臣也者能纳善于君，不能与君陷于难。"

【古句新解】

晏子说："所谓忠臣，是指能给君王献善言良策供他采用，而不是能与君同死难的人。"

自我品评

什么样的臣子是真正的忠臣？在中国历史上，忠君始终是忠的诸多概念里最强悍的一极。由于传统伦理的约束，对君王的绝对忠诚成为对人臣的最高道德要求，无条件服从君王是为臣者的天职。因君权的至高无上，忠君常常演变为愚忠，成为悲剧的代名词。

在中国历史中，一些无德无能的君王凭一时之兴定天下大事，忠臣良将就得时刻承担被冤枉诛杀的命运。"君要臣死，臣不得不死"是为臣者的无奈，同时也彰显了中国传统文化中对忠字的极端诠释。

晏子在这里提出两个标准：第一，忠于国家大业，而不是忠于某个君王个人。第二，积极为国家的发展献计献策，而不是消极地死难殉节。晏子本人也是这样做的：齐庄公不听晏子劝谏，治政荒唐，于是晏子辞职。后齐庄公因与大臣崔杼妻通奸而被杀，晏子哭而不殉死，而是积极辅佐新君齐景公。晏子这种积极的、从国家利益出发的忠诚，应该提倡，那种对君王毫无原则的愚忠则应反对。

第五章 忠心事君，忠诚报国
——墨子原来这样说为臣之道

每年农历的五月初五是中国的传统节日端午节，这一天，各地的百姓都要吃粽子、划龙舟。据民间传说，端午节的这些活动都是为了纪念战国末期的楚国人屈原。

屈原名平，字原，是楚武王熊通之子屈瑕的后代，也是深受后人敬仰的一位大忠臣。屈原政治生涯的大部分时间都在楚怀王当政时度过，起初，屈原很受怀王信任，曾官居三闾大夫之职。屈原为官期间，秦国正处于强盛时期，屈原主张与齐联合抗秦，以保国家不被强秦所制。公元前313年，秦相张仪为打破齐楚联合，专程赴楚游说怀王。为了让怀王听信他的主张，张仪先收买了楚国大臣靳尚、子兰等人，让他们在怀王面前说楚与秦结盟的好处，然后又以向楚献地六百里为诱饵，诱使怀王与齐国断交。楚怀王答应了张仪的要求，朝中大臣也大多赞同，只有屈原与客卿陈轸反对。因为靳尚等人的阻挠，屈原与陈轸的意见未被采纳。于是，楚国故意在边境寻事与齐国交恶，然后派人到秦国去要张仪答应的六百里土地。到这时候，秦国忽然变脸，声称从没有答应割六百里土地给楚，当初谈好的只是六里。楚怀王受到秦国戏弄，怒而发兵伐秦，结果大败而归，不光没拿到秦国的六百里，连楚国汉中一带的土地也被人家夺去。

上当受骗之后，楚怀王认识到了与齐断交是一步错棋，屈原与陈轸的主张才是正确的。思过之后，楚怀王又起用屈原赴齐，让他重新修好齐楚关系。屈原到齐国后施展外交手段，好不容易说服齐国与楚再次结盟，使原先齐、赵、魏、韩、楚等国组成的"合纵"联盟得以恢复，秦国在很长时间内不敢向楚国动武。

后来，秦国看到合纵联盟实在难以对付，又开始打楚国的主意，当时的秦国国君秦昭王不断派人给楚怀王送礼，还把女儿嫁给楚怀王的儿子做媳妇。楚怀王见秦国对自己这么好，又忘了当初的屈辱，再次与合纵联盟断交，转而与秦结盟。被楚国出尔反尔行为激怒的合纵盟约其他成员联合发兵，向楚怀王来讨公道。楚不敌联军，只好以太子横为人质，求秦国帮忙。秦国出兵后，马上击败合纵盟约军队，由此开始，楚国对秦国再也难以强硬，连在秦做人质的太子横都不被秦人尊重。

一次，太子横与秦国一官员发生争斗，失手将官员打死，悄悄逃回楚国。秦国以此为借口，马上联合齐、韩、魏三国伐楚，第二年又单独进攻楚国，攻占了襄陵等城池，把楚国骚扰得苦不堪言。之后不久，秦王约楚怀王到武关相会，举行和谈。屈原力劝楚怀王不要赴武关，以免再上了秦人的当，靳尚及楚怀王的小儿子子兰却一再主张怀王赴会。楚怀王最终又听信了靳尚等人，结果一去不回，被秦国软禁一年有余，客死异乡。

楚怀王在秦国死后，太子横在国内继位，称顷襄王。顷襄王与怀王一样，宠信靳尚等人，却对敢于直谏的屈原很是不满。尽管看到楚顷襄王不是一个贤德的君主，屈原仍不想放弃对国家的忠诚，怀着最后一点希望，他接连向顷襄王进谏，劝他改弦易辙，疏远奸佞，起用贤臣，重振国家。对屈原进谏之事，楚顷襄王颇为反感，子兰靳尚等人更是恨之入骨。后来，他们干脆找一个理由，将屈原逐出郢都，流放江南。

此后的岁月里，屈原辗转于沅水与湘水之间，虽有报国之志，却再无施展余地。公元前278年，秦将白起攻破郢都，毁坏了楚国先王的陵墓，楚顷襄王落荒而逃。屈原在沅湘岸边听到国都被破的消息，眼见楚国面临亡国的危险，他悲愤难耐，不愿再苟活于世上，便抱石投入汨罗江，含冤为国而死。

作为一个臣子，屈原敢于直谏，甚至遭到楚王驱逐，仍忠诚为国，可谓不失忠臣名节。虽然很感人，但是，他怀济世之才而不遇，何苦为这个昏君尽愚忠呢？

"忠诚不是愚忠，服从不是盲从，如果长官错了，你还盲目地忠诚于他，你就是愚昧的人，这样的人没有资格进入海军陆战队！"在一次

第五章 忠心事君，忠诚报国
——墨子原来这样说为臣之道

远征前的动员大会上，道格休斯上校这样对士兵说。

员工和军人一样，服从命令是天职，但是员工和老板的关系不是封建社会的君臣，而是坐在同一艘大船上，拥有相同方向的协作者。不盲目服从老板的命令是每一位员工的责任，是对自己的忠诚，也是对企业这艘大船得以顺利航行的忠诚。

君明则佐，君昏则诤

【原典】

晏子曰："报君以德。士逢有道之君，则顺其令；逢无道之君，则争其不义。故君者择臣而使之，臣虽贱，亦得择君而事之。"

【古句新解】

晏子说："以美好的品德来报答君王的知遇之恩。士人遇到有道德的君王，就顺从他的命令；遇到无道昏庸的君王，就要对君王不合道义的言行进行谏诤。所以，君王可以挑选臣子来使用，臣子虽然地位低下，但也可以对君王有所选择而侍奉。"

自我品评

中国有句老话叫：良禽择木而栖，淑女择夫而从，贤士择主而侍。之所以选择，一是要寻求适合自己的生存环境与条件，二是为了能够实现自己的理想。对于贤士来说，君明则佐，使明君更成功；君昏则诤，以己明减君失。对明君的最好报答，就是以自己美好品德行为为明君增添光辉；对昏君最重的惩罚，是在谏诤不听之后离昏君而去。

人只要在追求，他就在选择。生命的每时每刻，我们都会面临着选择，明智的选择，往往决定着一个人的一生。

王猛年轻时曾经到过后赵的都城邺城去求功名，但只谋得了一个功曹的职位。他认为自己的才能不应该只干功曹之类的琐事，而应是帮助一国的君主干大事的，于是逃到西岳华山隐居起来。

第五章 忠心事君，忠诚报国
——晏子原来这样说为臣之道

公元351年，氐族的苻坚在长安建立前秦王朝，力量日渐强大。公元354年，东晋的大将军桓温带兵北伐，击败了苻坚的军队，把部队驻扎在灞上。王猛身穿麻布短衣，径直到桓温的大营求见。桓温听了王猛对当时社会局势的看法，认识到面前这位穷书生非同凡响。过了好半天他抬起头来，慢慢地说道："江东没有人能比得上你。"

后来，桓温退兵了，临行前他送给王猛漂亮的车子和优等的马匹，又授予王猛高级官职："都护"，请王猛一起南下。可是王猛拒绝了邀请，继续隐居华山。

王猛本来想出山施展才华，干一番事业的。可是，在考察桓温和分析东晋的形势之后，他认为桓温怀有篡权野心，但未必能够成功。所以他第二次拒绝别人的邀请和提拔。

桓温退走的第二年，前秦的苻坚去世，继位的是中国历史上有名的暴君苻生。他昏庸残暴，杀人如麻。苻坚的侄儿苻菁想要除掉这个暴君，于是广招贤才，以壮大自己的实力。他听说王猛很有才华，就派当时的尚书吕婆楼去请王猛出山。

苻菁与王猛一见面就像知心的老朋友一样，谈论天下大事，双方意见不谋而合。苻菁觉得自己遇到王猛好像三国刘备遇到了诸葛亮；王猛觉得眼前的苻菁才是值得自己一生效力的对象。于是他十分乐意地留在苻菁的身边，积极为他出谋划策。

公元357年，苻菁一举消灭了暴君苻生，自己做了前秦的君主，而王猛成了中书侍郎，掌管国家机密，参与朝廷大事。

王猛36岁时，因为才能突出，精明能干，一年之中连升了五级，成了前秦的尚书左仆射辅国将军，司隶校尉，为苻菁治理天下出谋划策，干出了一番轰轰烈烈的大事业，成为中国封建社会杰出的政治家。

王猛之所以能干出一番轰轰烈烈的大事业，不是偶然的，他在动荡不安的形势下，正确选择了跟随的明主，所以才有他事业的成功，才有他一生的辉煌。

有一棵苹果树，上面结了一些大小不同的苹果。有五条虫子都想用各自的方法得到一个苹果。

　　第一条虫子爬到苹果树下，它不知道什么是苹果，也不知道这是一棵苹果树，看见身边的伙伴都往上爬，它就跟随着向上爬去，没有目的，没有终点。可想而知，它也许会得到一个大苹果幸福一生，也可能迷失路线终此一生。而这不也正是大多数虫子的自然选择吗？

　　第二条虫子只知道这是一棵结满了大小果子的苹果树，但它不知道大苹果具体长在什么地方，于是它就假定大苹果长在大枝上，专拣粗枝往上爬。有这种想法的不止一条虫子，而是一批虫子，这条路上的竞争也最激烈，这是一条优胜劣汰之路，相对公平的竞争之路，在每一个分枝处都有大批的同类被淘汰，得到苹果的仅仅是其中未被淘汰的一小部分，最终获胜者是那些付出最多、综合素质最高的虫类。

　　第三条虫子，它非常聪明，有备而来，在苹果树下掏出望远镜，浏览了树上的所有苹果，选择了一个大苹果作为自己的目标，这样它就明白了自己应该怎样去走。然后，它就朝着这个大苹果的方向，确定出得到这只苹果的最佳路径，并设想出中途出现的预想不到的问题的解决预案。结果可想而知。

　　第四条是神虫，它有先知先觉的本事，清楚地知道每个苹果的成长。在苹果刚开花时，它就已经和苹果花打得火热并藏在其中，它和苹果一起长大，当别的虫子在拼死拼活时，它已经美美地享用苹果了，没有哪条虫子能比它更先一步尝到可口的苹果。它的超前意识，不是其他虫类想学就能学得来的。

　　第五条虫子什么都不做，专等它的同类给它扔下一个苹果，因为它的爷爷、它的爸爸、它的哥哥都已经得到了属于自己的不止一个苹果，当然别人不会把最大的给它。虽然不是最大的，但也足够它享用的了。但是千万确定它的爷爷、它的爸爸、它的哥哥肯定得到了，并且还有多余的。如果什么都没有，你想在树下得到掉下来的苹果，是非常危险的。苹果可不是好捡的，弄不好你会被不知道什么时候掉下来的苹果砸死，或因为得不到苹果而被饿死。

第五章 忠心事君，忠诚报国
——墨子原来这样说为臣之道

不同虫子选择不同的树枝，结果就有这样的天壤之别。

现如今，"良禽"比喻人才，是指有才干，有德行，聪明睿智，有一技之长或几技之长者。"木"是指人才展示自己才华、发挥自己能量的一方天地。它可以是一个单位、一项工作、一种专业，也指掌管这些单位、部门的主管。好单位与好上司，是每一个人才的梦想。

有的人一开始就投错了方向。如你投到袁绍、袁术、刘表、张鲁之流的门下，虽能强盛富足、耀武扬威于一时，但与之同归于尽之日也为期不远。如果你真的是田丰、沮授一类的盖世奇才，但碰到个"遇大事而惜身，见小利而忘命"的袁绍之辈，也只能是奇谋无着，死而有憾了。

领导的命运往往就是一个单位的命运，也就是下属的命运。例如曹操、刘备与孙权，虽说开始并不强盛，立国之路无比艰辛坎坷，但皆是胸有大志、腹有良谋的帝王之才，称得上是"圣木"与"明主"，如曹操数哭典韦、苦留关云长，刘备三顾茅庐、摔阿斗等，都是"圣木"的表现。坚定不移地选择曹操、刘备与孙权的将士，大多有了好的归宿，而选择其他诸侯的将士要么改弦更张，弃暗投明，要么就被消灭掉了。

如果你只是为将之才，那你最好找个好主儿，跟着他一起成就一番事业。就如萧何之于刘邦、诸葛亮之于刘备。正像孔子所说的，待价而沽，实际上也是一种选择。如果是一只"良禽"，就一定要选择最好的"大树"，而能不能找到这棵"大树"，那就要看你的眼力了。当然，看不到"大树"，说明你还不具备"良禽素质"的，还要自我修炼。

在局面混乱不清，各方面势力难解难分的时候，识时务者为俊杰。风云流动，世事变幻，需要明智的忠臣，"君明则佐，君昏则诤"。

一心事君，美名远播

【原典】

晏子曰："顺爱不懈，可以使百姓；强暴不忠，不可以使一人。一心可以事百君，三心不可以事一君。"

【古句新解】

晏子说："坚持仁爱而不懈怠，就可以让百姓服从命令、被役使；而强横暴虐、不忠诚的人，却一个人也不能役使。一心一意、只有一颗诚心的人，可以侍奉一百位君主；而三心二意、心眼很多的人，连一个君主也不能侍奉。"

自我品评

在中国封建社会，君臣一直是相辅相成的。皇帝拥有至高无上的权利，但又必须通过宰辅来实现自己的统治。皇帝依靠宰辅治理国家以巩固统治，宰辅则依靠皇帝的信任重用方可以施展才华以安居高位。可以说，君臣之间是相辅相成的。同时，人与人之间又是相互作用的。

一颗诚心地对待人际交往，才能以诚换诚而心心相印；一颗诚心地从事事业工作，才能深入发展而事业有成；一颗诚心地活在世上，才能有利社会而美名永存。诚，应该是行世准则，无论事业还是人际关系，都不可能建立在虚伪的基础之上。三心二意地对待任何人和事，其实都只能是虚伪。

诸葛亮是三国时期蜀国杰出的政治家、思想家和军事家，在市井

第五章 忠心事君，忠诚报国
——墨子原来这样说为臣之道

百姓的眼中，他又是智慧和忠义的化身。为了实现主公刘备恢复汉室的大业，他鞠躬尽瘁，操劳一生，即便知道成功的可能性微乎其微，也绝不放弃，付出了一个做臣子的赤诚之心。

诸葛亮与刘备是在公元207年走到一起的，当时，刘备的旧臣徐庶向刘备推荐了诸葛亮，刘备与关羽张飞三顾茅庐，才请得诸葛亮出山。诸葛亮出山时，正值刘备大走背运的时候，被人逼得连一块安身的地方都没有，只能在刘表的地盘上借居。根据当时的形势，诸葛亮提出了先夺取荆、益二州，然后向东联合盘踞江东的孙权，在西南安抚夷越诸戎，等时机成熟，再出兵北伐，恢复刘姓汉室的宏图大略。心有宏图的诸葛亮就这样走入了刘备的阵营，诸葛亮刚出山，就赶上了曹操攻打刘表盘踞的荆州。当时刘表刚刚去世，继刘表位的次子刘琮不敢与曹操作对，选择了投降。在曹军的强大压力下，驻扎新野的刘备只好向江陵退却。刘备退至夏口时，遇到了孙权的谋士鲁肃，诸葛亮与鲁肃一见如故，很快达成了在大敌当前情况下联合抗曹的意向。受鲁肃邀请，诸葛亮赴江东与孙权商议联合抗曹的具体方案，并在后来的战斗中借东风，巧施连环计，取得了赤壁之战的完胜，实现了占领荆州的第一步计划。之后，刘备在诸葛亮的帮助下平定荆南四郡，围攻成都成功，又取得军事重镇益州，在东汉后期开始的战乱中终于站稳了脚跟。

诸葛亮的协助让刘备势力大盛，当得知曹操的儿子曹丕废汉献帝而建魏的消息后，刘备也在成都建立了蜀汉政权，任命诸葛亮为丞相，掌管治国大权。蜀国建立后，与之后建吴的孙权的矛盾开始浮现。孙权认为荆州本是东吴的地盘，现在刘备已得益州汉中，应该把荆州还给东吴。在争夺荆州的过程中，蜀国损失惨重，先是关羽败走麦城，落得个身首异处的结局。接着张飞因关羽被杀悲愤难抑欺辱部下，结果也遭杀身之祸。刘备连失两位结义兄弟，把账都算在了东吴身上，于是不顾诸葛亮反对，亲自兴兵东征。刘备的东征后来也以失败告终，吴军年轻的统帅陆逊火烧连营，刘备败退至今四川奉节的白帝城，一病不起。公元223年3月，感到即将辞世的刘备召诸葛亮到白帝城，将儿子刘禅托付给他；并告诉诸葛亮说，将来如果刘禅值得辅助，你就辅佐他，如果觉得他无德无才，你可以取而代之。诸葛亮听了刘备的嘱托痛哭流涕，马上向刘备保证，一定竭尽力量，忠贞报国，到死也不会改变。

刘备死后，刘禅继位，加封诸葛亮为武乡侯，国家大小政务，都由诸葛亮处理。诸葛亮根据当时形势，决定先与东吴修好，然后举兵南征，先打败雍闿，再七擒七纵孟获，稳定了蜀国后方。公元227年，诸葛亮见时机成熟，向后主刘禅上《出师表》，开始率军北伐。从公元228年至公元234年，诸葛亮六出祁山与曹魏军队作战。六次北伐中，诸葛亮多次取得了战事的主动，还给后人留下了空城计这样的经典战例。但由于整体实力不如曹魏，诸葛亮的北伐虽可取得暂时的主动，却一直未能彻底击败曹魏军队。公元238年8月，诸葛亮在最后一次北伐中突患急病，死于五丈原（今陕西省眉县西南）的军帐之中。

一个鞠躬尽瘁，死而后已的忠臣之星就此陨落，给后人留下了无限的慨叹！明知刘禅没有君王气度，本可以取而代之，可因感激刘备的知遇之恩，仍然忠贞不二。其忠心之举可以说是光耀千秋！

而在我们当今社会里，跳槽现象不胜枚举。许多人通常把跳槽视为职场上升的捷径，事实上，"剩"者为王，一样是职场上升的阳关大道。

事实上，众多成功的人士中，大多数是靠着自己的踏踏实实，一步一步才达到如今的职业高度的。尽管每个人具有不同的个性，有的积极主动，有的沉稳低调，但他们的成功之路有许多共同点：起点低，没有跳过槽，也没有为了寻求更高的平台中断职业生涯出国求学。如今的他们早已"麻雀变凤凰"，成为职场上的佼佼者。

29岁的丁艳一说起自己当初频频跳槽的经历就十分后悔。最初，她在一家知名软件公司上班，公司实力雄厚，给她的待遇也不错，丁艳很喜欢这份工作。由于工作勤奋，又努力认真，因此她深受主管的

第五章 忠心事君，忠诚报国
——墨子原来这样说为臣之道

赏识，前途一片光明。随着时间的推移，这份工作的弊病开始显现出来，由于工作量大，经常加班，丁艳常常感到疲惫不堪，难以承受，健康上也出现了很多问题。

这个时候她碰到了好友孙梅，孙梅在一家大型广告公司工作，不仅工作清闲，而且待遇丰厚。丁艳想到自己的工作那么辛苦，待遇也不比人家强多少，于是在心理不平衡的情况下，她就毅然辞职了。她不听老板的劝告，跳槽去了上海一家广告公司。

初到一个陌生的环境，丁艳显得很不适应。这里，不仅人际关系一片茫然，工作上更是陷入一片混沌之中。由于转了行，一切都要重新开始。以前的工作经验用不上，新的工作又不熟悉，此时，她感到一种巨大的压力，她看着同事工作熟练自如，工资也比自己高，逐渐感到慌乱起来，不但没有了原来的自信、大方，而且总是担心出错，受到老板的责罚。在整个公司，她的业绩也一直处于最落后的地位，老板对她视而不见，更别说欣赏和提拔了。

在这种状况下，她感到前途一片渺茫，不禁后悔起来。心情越来越糟的她，面对"业务空窗"，又想到了跳槽。她觉得自己不适合这份工作，需要寻求更新、更适合自己的职位。接下来，她随后换了好几份工作，可每次都因为种种原因而辞职，为此她陷入了"求职——跳槽——求职"的怪圈。

"人之所畏，亦不可以不畏人"，有什么样的心态就会得到什么样的结果，机巧之心所得到的结果只能是与之相应的混乱。在一个人的职业生涯中，如果树立起了"忠诚"这一个人品牌，就等于拥有了打开升迁之路的敲门砖。

委婉劝谏，道存身进

【原典】

晏子曰："执一浩倨则不取也，轻进苟合则不信也，直易无讳则速伤也。"

【古句新解】

晏子说："固执地坚持不恭，则意见不会被听取；轻易地跟进、苟且求合，则不被信任；直率简单、不知避讳，则很快被伤害。"

自我品评

心存正直、良心未泯，却处于环境浑浊、上司愚昏的条件下，真会使人感到进退两难和矛盾重重。这种状况，历史上与现实中屡见不鲜。两难中如何选择，是对一个人品德理想坚定与否的考验，也是对一个人策略水平高低的检验。理想坚定还要策略灵活，否则理想主张不能顺利实现。理想以策略为手段，策略以理想为目的；目的决定手段，手段必须服从目的。

有人认为，身为一名"大丈夫"就要"行不更名、坐不改姓"，有一说一，有二说二，对于领导、上司，哪怕是再大的官也要当面把事情讲明，把是非分清，对于自己认为不合理的事，宁可搞僵，也是曲折、迂回不得的。所谓铮铮铁骨，宁折不弯；浩然正气，天日可鉴。所以，在封建社会里，就经常见到冒死上书，拼死进谏，从而酿成于事无补的悲剧，并有所谓"文臣死谏，武臣死战"的说法。而在今天

第五章 忠心事君，忠诚报国
——晏子原来这样说为臣之道

也有一事当前，不研究原因，不分析后果，不考虑方式，不讲究方法，就轻率地向领导提意见，争分晓，甚至弄得变脸、变色，一把鼻涕一把泪的情况，结果既伤了和气，也未能解决问题，称得上是两败俱伤，一事无成。

那么，不争论顺从上司吗？顺从等于纵容；不顺从，会给上司留下不好的印象，自己的工作也将处于被动局面。此时，如何才能既表达自己不同的观点又让领导接受呢？可以婉转地表达自己的意见。

晏子治阿城，公正廉明、敬业无私、不阿权贵，结果，三年之后种种恶语谗言进于景公之耳，景公竟撤了晏子的职。晏子请求再任三年，允许，于是晏子一反往日，不理政事、姑息放纵、奉迎上司及权贵，结果三年后一片称赞美言进于景公之耳，景公高兴地要奖赏晏子。晏子拒绝奖赏，讲出实情，景公方悟。谗邪盛行朝野，则正义不行于世，然而，偏信谗言、鼓吹腐败者，代有其人。以古鉴今，洞若观火。

秦朝时有位俳优名叫优旃，也有淳于髡那两下子，所以当秦始皇和秦二世想干一些不合理的蠢事时，别人不敢谏止，却被这位优旃劝阻了。

据说有一次秦始皇异想天开，要修一座世界之最的御花园。他设想，这花园西起陈仓（今陕西省宝鸡市），东至函关（今河南省灵宝县），横跨整个关中平原，其中多盖亭楼阁榭，广种奇花异草，供他游玩消遣。满朝大臣面对这一荒唐的计划，只有目瞪口呆，却找不出阻止的办法，只有优旃兴冲冲地来叩见秦始皇了。他满脸高兴地对秦始皇说："听说陛下要修一座大花园，那真是太好了！不过我还有个小小的建议，希望您在园中最好再尽量多畜养各种飞禽走兽，特别是要多养麋鹿，一旦有反叛势力从东方来侵犯您的时候，您让这些麋鹿去顶他们就行了。"

秦始皇想了想，觉得他的话蛮有道理，就丢开了这个念头。

后来，秦始皇在朝拜泰山的路上死了，秦二世继位，这位君主也和他的前辈有同样异想天开的特异功能，所以有一次他居然想到要用油漆把长城涂刷一遍。面对这样一个难题，又是优旃出来讲话了，他

193

恭恭敬敬地对秦二世说："您的主意真高！就是您不说，早晚我也想向您建议。因为漆一遍长城，虽然花费很大，老百姓的负担也要加重，可是那场面该有多么壮观啊！再说，如果一旦北方的敌人杀来，那光溜溜的漆过的城墙，他们也爬不上来啊！只不过有一件事不太好办，因为长城实在太大了，油漆也许还有办法，但又到哪里去找能遮住它，让漆慢慢干燥，不会染上尘土的大房间呢？"

秦二世听了他的话，笑笑也就不再提了。

淳于髡也好，优旃也好，他们之所以能为常人之所不能为，结果却得到了握有至高无上之权柄、喜怒无常、弄不好就要杀人的君主们的同意与认可，关键就在于他们不是拘泥成法，不考虑对象，不分析形势，只知冒冒失失地去据理力争，犯颜直谏，硬捋虎须，而是避开上司的锋芒，绕开了激化矛盾的焦点，在皆大欢喜中解决了问题。当然，也许这都是一些十分特殊的例子，但普遍性总是寓于特殊性之中的，我们不妨很好地总结与学习一下这些经验，从中汲取足够借鉴的方法，来改善自己的工作，避免总是陷在条条框框里，办费力不讨好的傻事。

另外，在产生分歧时，不妨虚心地向上司请教："这个问题这么办，您看是否可行？"与领导一起商量对策，拿出方案，这样不仅为领导解了忧，也能在领导面前为自己留下好印象。

如果领导安排的工作自己确实无法完成，也要婉转地表达自己的意见，比如"这件事通过努力是可以做到的，但其中有一些具体的困难，需要得到你的帮助"。这种留有余地的说法，给领导的感觉是：下属确实很想将这件事做好，但真的存在些困难，我得想办法帮助他。这样建议就成了求援。

现实中，有些员工在与领导的相处中就很懂得使用这种婉转地表达建议的方式。

小伟是某广告公司的策划人员。本来，春季就是各公司销售宣传的旺季，他们部门人手不多，已经很繁忙了，但是公司领导却将其他

第五章 忠心事君，忠诚报国
——墨子原来这样说为臣之道

部门的宣传文案工作也交给他们做。这下，他们既要对外部的客户负责，又要忙于内部各部门的宣传工作，有些力不从心。每天加班到深夜，甚至周末也不能休息。在这种情况下，小伟他们几个心里很不舒服。于是他们一合计，还是找上司谈谈吧！

可是，如果直接说上司分工不合理，上司肯定会一口否认，该如何是好呢？经过合计，他们决定派一个代表，将工作计划报给上司，然后分析时间问题，让他自己去分析员工能否完成工作任务。于是，小伟被派上了"前线"！

当小伟敲开上司的门后，非常抱歉地说："经理，我不得不打扰您一下，您交代完任务后，我做了个详细的工作计划表，想给您看看。"经理有点不耐烦地说："不用了，只要你们完成任务就行了！"但是，小伟停顿了一下，怯怯地说："我们倒不怕加班，只是担心按照我的计划表，即使完成了也不能保证质量，所以希望得到您的支持和指教。"

经理一听，马上眉开眼笑，他仔细看了看计划表后说："谢谢你的提醒。这样吧，这个表我收下，我打个报告给老板，将市场拓展宣传的工作分给销售部门吧！"

小伟一听，微笑着离开了。

在工作中，因工作而产生的上下级之间的冲突和分歧本来是很正常的事情。可是，有些下属，明明知道领导的指示是不正确的，但认为天塌下来由领导顶着，为了给领导留下听话的好印象，便执行去了。有些下属，和领导意见不一致时争论到面红耳赤、唇枪舌剑，这实际已是关系破裂、矛盾激化的兆头。这样，不仅收不到好的结果，反而会使上下级关系恶化。因此，重在沟通达成一致。而婉转表达不但可以让决策失误的领导及时醒悟，也有利于和领导达成一致意见，争取领导的支持，步调一致，共赴成功。

所以，为了目标的实现，策略是很重要的。为了表示你的忠心，为了不让好心办不了好事，不妨用用委婉劝谏的方式，这样才可以"道存身进"。

第六章 重人轻命，不迷鬼神
——晏子原来这样说命运之道

晏子所处的时代，是迷信鬼神盛行的时代，但是晏子却保持着清醒的头脑，抱着与世俗之人迥然不同的态度。他提出："重人事，轻天命，不迷信鬼神。"虽然没有明确提出反对迷信鬼神的唯物论思想，但是从他的言论和行事可以看出，他对于祭祀上帝鬼神、占卜、禳除、祷祝等活动，抱着怀疑的不相信的态度。

第六章 重人轻命，不迷鬼神
——晏子原来这样说命运之道

恃巫自轻，不如靠己

【原典】

晏子曰："德厚足以安世，行广足以容众……不慢行而繁祭，不轻身而恃巫。"

【古句新解】

晏子说："品德淳厚足以使社会安定，善行广施足以容纳众人……不要行事简慢而祭祀频繁，不要轻视自身的力量而去依靠巫祝。"

自我品评

品德淳厚、广施善行的人多自信，自信的人才会有成就。一切祈求神灵、占卜恃巫的行为，都是没有自信心的表现，是把命运交给他人的表现。现实的事，只能靠自己一步步去完成；未来的事，只能由现实努力的结果来决定。没有现实的成绩，就不会有美好的未来。还是《国际歌》说得对："从来就没有救世主，一切全靠我们自己。"

很多人之所以不能迈出人生的关键一步，就是因为每当他感到压力的时候，就会一蹶不振，接受"命运安排"，很难把失败的惩罚当成不断前进的新动力。任何要想成功的人，他首先要学会的就是经历苦难。经历苦难是一种痛苦，因为苦难常常会使人走投无路、寸步难行，苦难常常会使人失去生活的乐趣，甚至生存的希望。但有过苦难体验的人，都不会忘记在生活泥潭里奋力挣扎的情景。当你战胜苦难之后，这由苦难带来的痛苦往往也会变为千金难买的人生财富。

台湾十大杰出青年企业家赖东进成名前曾经很破落,从小到处流浪要饭。在奔波行乞的日子里,他经常抱着弟妹长途行走,动辄就是几十公里;每天用破水桶由水沟往栖身处提水,一折腾就是数十个来回;在夜市或车站躲避抓捕,见到警察就玩命地奔逃;在野地或大宅门前,不时遭遇恶狗疯狂追逐。长期如此的磨难练就了他出奇的爆发力。

一次学校举办运动会,他报了一个赛跑的项目。发令枪一响,他奋力往前冲,只顾专心奔跑,并没有感受到场外的异常。等到快要跑到终点,他突然发现全场一片寂静,还来不及琢磨发生了什么事情,人已冲到了终点。

看台上的师生全都站立起来,响起了暴风雨般的掌声和口哨声。赖东进回头一看才弄明白,原来同组竞赛的同学才跑到一半。他那惊人的速度,让大家看傻了眼。

人的力量都是拼出来的,灾难就是最好的教练。赖东进早年在底层所遭受的艰难困苦,磨砺了他的精神和意志,这种无论在什么条件下都要拼命向前的精神,足以使他后来在商界与政界笑傲人生。一个强有力的人,正是一个能战胜自己的人。要纠正偏见,改变习惯,克服弱点,主宰感情,驾驭性格……

总之,就是不要让生活牵着鼻子走,而是做自己命运的主宰。

西方有一则谚语说:"上帝只拯救能够自救的人。"追求成功的人生,就要敞开胸怀接纳上天赋予我们的一切,在缺陷面前绝不要退缩和消沉,战胜了自己,就是创造了命运。

事实上,所谓靠自己拯救自己,在很大程度上首先所突破的就是自己对自己的不信任。正是那种"命该如此"的灰暗思想,将一个又一个前景非常看好的希望和一个又一个具有远大前途的成功者扼杀在摇篮中。失败的人之所以失败,就是因为他们从来都不相信自己的力量。古人曾说:"哀莫大于心死,而身死次之。"没有自信心的人是很难成功的,就像没有脊梁骨的人很难站得挺直那样。

第六章 重人轻命，不迷鬼神
——晏子原来这样说命运之道

人都会有自己的机遇也会有自己的挫折，有自己的顺风也会有自己的厄运。命运由我做主，幸福在于自己去寻求，无论身处逆境或是顺境，时刻以一种乐天知命而不信命的态度超越自己，去做自己命运的主人。

罗斯福被公认为世界历史上能够扭转乾坤的巨人之一。关于他的国内政绩，关于他在世界历史上曾经发挥的作用，另一位伟人温斯顿·丘吉尔说："罗斯福是对世界历史影响最大的一位美国人。"

最近几十年间，由于美国国力的强盛和在国际事务中扮演的重要角色，数任美国总统或多或少地要以"世界总统"自居，可以说，如果没有罗斯福，他们就不可能获得这样的自信。而罗斯福的这种自信却具有不同寻常的意义。

如果没有这种自信，很难想象他会在39岁患上脊髓灰质炎（俗称小儿麻痹症）之后，凭着顽强的毅力积极配合治疗，终得幸免于全身瘫痪；更难想象他后来敢于拄着双拐或坐着轮椅出现在1932年总统竞选的讲坛上，并成为美国历史上唯一一位身罹残疾的总统。

自信在罗斯福一生的成长和事业中起到了重要作用，在他第一次就职演说中，针对当时美国社会的经济"大萧条"情景说："首先让我们表明自己的坚定信念：唯一值得恐惧的东西就是不可名状的、未经思考、毫无根据的恐惧，使得转退为进所需的努力陷于瘫痪的恐惧。"

纵观罗斯福一生，我们可以肯定地说，他虽然身罹残疾，但在迄今为止所有的美国总统中，远不是每一位都像他那样具有一颗如此健康的心灵。

人们无论从事什么职业，做什么事情，都应该做到"进不败其志"和"内究其情"。在身处顺境时，还要积极进取，勇于开拓，不改风志；而身陷逆境之时，则要躬身自省，探究失败之由。此外还应做到无论何时都要对自己充满自信心。因为只有这样，才能把事情做到成功，才能使自己的学习和事业一帆风顺。

或许你所经历的只是你人生的第一次不幸的遭遇，你会用积极的心态将之一一化解。从哪里跌倒，就从哪里爬起。另找一份工作，使家人康复；再结识一位伴侣，让快乐的时光重现。经过稍稍的整理，又一身轻松地奔向成功。

然而上帝也许年纪大了，他有些耳聋，他并未听见好心人为你的祈祷，他再一次挥起那把巨大的扫帚，把不幸扫向人间。偏偏凑巧，不幸的果子又落在你的家园，你甚至一次又一次前功尽弃，命运一次又一次跟你开起了玩笑。

永远不要幻想天上会掉馅饼，自己的路自己走，自己的事情自己办，自己的困难自己克服，自己的梦自己圆。要想获得真理和智慧，必须依靠自己认真、潜心地感悟，用自己的身心去体会、体验方能获得，别期待有神仙点化。有几句顺口溜说的也是这个意思："天上下雨地上滑，自己跌倒自己爬。亲戚朋友拉一把，酒换酒来茶换茶。"在这个世界上最重要的就是自己，要想解放全人类首先要解放的是自己，极端一点讲：除了自己谁都不要依靠，其他所有人都是靠不住的。如果非要找出可以依靠的人那就是父母，他们还可能无怨无悔，不离不弃地为你付出，但靠父母只能是暂时的、有条件的，因为父母终有离开你的一天。千万不要把自己的希望寄托在别人身上或寄托在某一件事上，否则你得到的只有失望，甚至是绝望。事情往往就是这样：在自己最困难的时候，自己认为最可能帮助你的人可能不会伸出援手；在你把一切希望都寄托在某一件事上，期望这件事的成功会改变你命运的时候，这件事十有八九是要失败的。

晏子告诉我们：不要行事简慢而祭祀频繁，不要轻视自身的力量而去依靠巫祝。是的，靠天靠地都不如靠我们自己。相信自己，战胜命运。

第六章 重人轻命，不迷鬼神
——晏子原来这样说命运之道

盛之有衰，生死必然

【原典】

晏子曰："盛之有衰，生之有死，天之分也。物有必至，事有常然，古之道也，曷为可悲？至老尚哀死者，怯也；左右助哀者，谀也。"

【古句新解】

晏子说："有盛就有衰，有生就有死，这是自然规律。任何事物都朝着它必然的方向发展，任何事物都有它自己的常规，这是亘古不变的道理，有什么可悲哀的呢？一个人已经活到了老年还为会死去而悲哀，这是怯懦；左右的人陪着悲哀，这是阿谀。"

自我品评

懂得客观规律，并按照客观规律安排自己生活、支配自己心态的人，永远积极乐观。人生值得留恋，美好人生更值得眷恋，但在生死自然规律面前，应该坦然。"至老尚哀死者，怯也！"老而不怯死者，是尊重自然规律；对一切尊重自然规律的人，应该致以敬意。

晏子认识到人的生与死乃是自然规律，不可改变。他说："昔者上帝以人之死为善，仁者息焉，不仁者伏焉。"仁德的人为国家、人民操劳一生，到时候就应当安息；不仁德的人干了不少坏事，也不能让他无休止地干下去，到时候就应该将他埋入地下，使之不再作恶。这乃是一种自然规律。齐景公因贪恋君位和奢侈生活，害怕死去，并为

此哭泣，晏子认为景公希望长生不死是"不仁"的表现，嘲笑他"至老尚哀死者，怯也"；嘲笑陪着景公哭泣的艾孔和梁丘据是"谄谀之臣"。他的结论是："夫盛之有衰，生之有死，天之分也。物必有至，事有常然，古之道也。"他认为世界上的任何事物都是有兴盛必有衰落，有新生必有死亡，这乃是自然界的法则。世界上的任何事物都有其终结，任何事物的变化都有其内在原因，这是自古以来就存在着的规律。他承认客观规律的存在，说明他具有唯物主义思想。

庄子快要死的时候，学生们说要为他好好地安葬，老师这一生太苦了。庄子说："千万不要，把我丢到旷野中就好。"学生说："那被老鹰跟乌鸦抓去吃掉怎么办？"庄子说："那你就把我从老鹰口中抢过来，埋在地里面给蚂蚁吃。"

庄子认为，人是由宇宙大道演化而来的，是道在世间的具体体现形式。人的生命跟自然界中的其他生命一样，都是宇宙变化的一刹那间，人生与人死没什么区别。既然没有区别，那么活着不是什么乐事，死了也就没必要悲哀。在庄子看来，生老病死是自然的过程，就像四时交替一样不可抗拒，人因为留恋生命，所以害怕死亡，于是就带来了精神上的痛苦和悲哀。

能把自己的死亡说得那么潇洒的人，都是有境界之人。我们的身体的确只是身体而已，是一具皮囊，到老的时候就腐朽了枯萎了，自然而然地会消化在尘土之中，这个时候你要问一下自己，我这一生就这样结束了吗？如果说人生有一件工作必做的话，那么就是要觉悟人生的智慧。

古代帝王相信长生不死的人很多。不少皇帝养大群方士，为他们炼丹药。唐太宗李世民就是一位，并且是因为吃丹药中毒而死。

在李世民的"晚年"，也就是他做皇帝的最后几年，一反常态，既迷信占卜，又痴迷丹药，竟在五十二岁上英年早逝。

在贞观十年(636年)，辽东战役结束时，唐太宗得了痈疽，此后一直调养，开始服用金石丹药。先前唐太宗还曾经嘲笑秦始皇和汉武帝

第六章 重人轻命，不迷鬼神
——晏子原来这样说命运之道

迷信丹药，现在自己也不由自主地陷进去了。到贞观二十一年（647年），唐太宗又得了"风疾"，烦躁怕热，便让人在骊山顶峰修翠微宫，第二年，派人从中天竺求得方士那罗迩娑婆，吃了这个外国骗子的"延年之药"，结果使病情恶化。

贞观二十二年，天空中太白星多次在白昼出现。这本来是宇宙间天体运行的自然现象，而太史却占卜说，这应在"女主昌盛"。李世民又听说民间流传的《秘记》上说，"唐三世以后，女主武王代有天下。"这可让李世民睡不着觉了，他的李家王朝怎能让"武王"取代呢？于是，他要想尽一切办法找到这个"武王"，把他扼杀在摇篮里。

有个叫李君羡的左武卫将军武连县公正好倒霉。他的官衔、爵号、籍贯和职务里，一连串占了四个"武"字："左武卫将军"里占了一个，"武连县公"占了一个，他又是"武安县"人，是宫城北门"玄武门"的守将，太史公的占卜正好应在他的身上，巧得不能再巧了。偏偏他的父母在小时候给他起了个小女孩的名字，叫做"五娘"，是盼他易于养活。可是，"五"、"武"同音，正好牵连到女主之忌里去。李世民迷信占卜，简直丧失了理智，不由分说，先把李君羡贬到华州（今陕西华县）任刺史，后来仍不放心，又借故将其杀死。李君羡到死也不明白自己犯了什么罪，成了李世民迷信的牺牲品。

贞观二十一年，李世民得了中风的疾病，瘫痪在床上。经御医诊治，半年后病体稍愈，可以三天上一次朝了。如继续边治边养，说不定会逐渐康复的。可是，此时的他却迷恋上了方士们炼制的金石丹药，希望自己长生不老。他先是服食了国内方士炼出的丹药，并不见效，以为国内方士们的道术浅，于是派人四处访求国外高人。

贞观二十二年，大臣王玄策在对外作战中，俘获了一名印度和尚，名叫那罗迩娑婆。为迎合李世民祈求长生不老的心理，把他献给李世民。这个印度和尚吹嘘自己有二百岁高龄，专门研究长生不老之术，并信誓旦旦地说，吃了他炼的丹药，一定能长生不老，甚至可以在大白天飞升到天宫里去成为仙人。

他这番鬼话还真就打动了李世民，遂将这个印度和尚安排住进了豪华的馆驿，每餐都是丰盛的美食，天天有一大群下人侍奉着，生活不亚于帝王。这家伙见李世民对自己深信不疑，就煞有介事地开出一大串稀奇古怪的药名来，李世民号令天下，按此方采集诸药异石，不论任何代价，不惜一切牺牲，只要能采办到印度和尚药方中的药，哪怕历尽刀山火海也得取来。一年之后，药配制好了，李世民非常高兴，毫不迟疑地将药全吃了下去，结果七窍流血中毒暴亡。这时他才五十二岁，是中国历史上被"长生药"毒死的第一个皇帝。他没有做到慎终如始，竟这样荒唐可悲、愚蠢糊涂地过早离开了人间。

一代明君竟然因为服食丹药而死，死的实在是冤枉。这终究是追求长生不老之过！

所以，最明智的生活态度便是顺其自然，你出生到这个世上，就自然而然地活着，没必要庆幸什么；如果死了，就自然而然地回归，用不着为离开人世而苦恼，也不要有太多的留恋。如果一个人能够真正做到这一点，那么他的一生就会充满快乐，如果他对自己、对他人都是这样对待，那么就会坦然一生。

迷茫的人们该清醒了！你所执著的官位不是永恒的，你所贪恋的金钱更不是永恒的。那么，世间何者才是我们真正的生命呢？智慧才是我们真正的生命。人生的重点不在于你活了多久，也不在于你成就什么样的事业，而在于你活着的时候能否觉悟到人生的智慧。

因此说，生与死的问题，对所有的人都是考验，求生畏死是人的本能。但是，"盛之有衰，生之有死"，生死是自然规律，尊重客观规律，并能按照客观规律安排自己生活、支配自己心态的人，也就是懂得辩证法的人，将永远积极乐观。

第六章 重人轻命，不迷鬼神
——晏子原来这样说命运之道

上帝不神，祝亦无益

【原典】

晏子曰："上帝神，则不可欺；上帝不神，祝亦无益。愿君察之也。"

【古句新解】

晏子说："如果上帝真的灵验，那就一定不可以欺骗他；如果上帝并不灵验，那么再祈祷也没有用处。希望您能明察这些道理。"

自我品评

晏子所处的时代，是迷信鬼神盛行的时代，但是晏子却保持着清醒的头脑，抱着与世俗之人迥然不同的态度。虽然没有明确提出反对迷信鬼神的唯物论思想，但是从他的言论和行事可以看出，他对于祭祀上帝鬼神、占卜、禳除、祷祝等活动，抱着怀疑的不相信的态度。

景公因为得了疥疮和疟疾，让史固和祝佗对山川宗庙祭祀祈祷一遍，病情反而加重了，便想杀死史固和祝佗来取悦上帝，晏子对此坚决反对。他认为，如果向上帝祷祝真的灵验，那么向上帝诅咒也应当灵验，现在齐国人民因为不满于君主的统治，"百姓之咎怨诽谤，诅君于上帝者多矣。一国诅，两人祝，虽善祝者，不能胜也"。况且"祝直言情则谤吾君也，隐匿过则欺上帝也。上帝神，则不可欺；上帝不神，祝亦无益"。晏子虽然说话用的是假设语气，但却明确表达了"上帝不神，祝亦无益"的无神论思想。

207

晏子善于用当时对自然界的常识性认识破解迷信的说法。如景公出猎时，上山遇虎，下泽见蛇，以为是不祥的征兆，晏子解释说："今上山见虎，虎之室也；下泽见蛇，蛇之穴也。如虎之室、如蛇之穴而见之，曷为不祥也？"又如柏常骞欺骗景公说，能通过祭祀神灵使景公增加寿命，增加寿命的表现就是地震。按照当时流行的天象家的说法，维星（北斗星）和枢星（天枢星，北斗七星之首）都隐蔽不见，将会发生地震，柏常骞因为看到这一天象，认为地将会震动，所以欺骗景公说只要发生地震，就证明他祈祷增寿的做法灵验了。晏子利用了当时流行的天象家的说法，揭穿了柏常骞能为人祈祷增寿，并能驱使地动的谎言。在当时科学水平还很低下的时代，晏子仍能巧妙地戳穿柏常骞的谎言，实属难能可贵。

　　在我们今天这个争分夺秒、日理万机的社会，更需要"想到了就做"，机会转瞬即逝。积极正确的决定，绝不浪费时间，不给以后留遗憾。俗话说，世事无常，世界每时每刻都在变幻着，谁也不能预测到下一刻会发生些什么，下一刻会有什么样的念头，下一刻我们是不是还活着。

　　飞机正在高高的云端飞行。机舱内，空姐微笑着给乘客送食品。一位中年人细细地品尝美食，而邻座的年轻人却愁眉苦脸地望着窗外的天空。

　　中年人颇为好奇，热情地问："小伙子，怎么不吃啊？这伙食标准不低，味道也不错。"

　　年轻人慢慢地扭过头，有点尴尬地说："谢谢，您慢用，我没胃口。"

　　中年人仍热情地搭讪："年纪轻轻的怎么会没胃口？是不是遇到什么不开心的事啦？"

　　面对中年人热心的询问，年轻人有些无奈，说道："遇到点麻烦事，心情不太好，但愿不会破坏了您的好胃口。"

　　中年人非但不生气，反倒更热心了，说道："如果不介意，说来

第六章 重人轻命，不迷鬼神
——晏子原来这样说命运之道

听听，兴许我还能为你排忧解难。"

年轻人看了看表，还有一个多小时才能到目的地，就聊聊吧。

年轻人说："昨夜接到女朋友电话，说有急事要和我谈谈。问她有什么事，女朋友说见了面再说。"

中年人听后笑了："这有什么犯愁的呀？见了面不就全清楚了吗？"

年轻人说："可她从来没这么和我说过话。要么是出了什么大事，要么就是有什么变故，也许是想和我分手，电话里不便谈。"

中年人笑出声："你小小年纪，想法可不少。也许没那么复杂，是你想得太多了。"

年轻人叹道："我昨天整个晚上都没合眼，总有一种不祥的预感。唉，你是没身临其境，哪能体会到我现在的心情。你要是遇到麻烦，就不会这样开心啦。"

中年人依然在笑："你怎么知道我没遇到麻烦事？也许你的判断不够准确。"说着，中年人拿出一份合同，"我是去广州打官司的，我们公司遇到前所未有的大麻烦，还不知道能不能胜诉呢！"

年轻人疑惑地问："可您好像一点也不着急。"

中年人回答："说一点不急是假的，可急又有什么用呢？到了之后再说，谁也不知道对方会耍什么花样。可能我们会赢，也可能一败涂地。"

年轻人不禁有点儿佩服起眼前这位儒雅的绅士来。一晃一个多小时过去了，飞机到了目的地。中年人临别时给了年轻人一张名片，表示有时间可以联系。

几天后，年轻人按照名片上的号码给中年人去了个电话："秦董事长，谢谢您！如您所料，没有任何麻烦。我女朋友只想见见我，才出此下策。您的官司打得怎么样？"

秦董事长笑声爽朗："和你一样，没什么大麻烦。对方已撤诉，我们和平解决。小伙子，我没说错吧，很多事情要等面对了再说，提前犯愁无济于事。"

年轻人由衷地佩服这位乐观豁达的董事长。

有句成语叫"自寻烦恼",无非是在告诫人们:许多烦恼和忧愁都是自己给自己绑的绳索,是对自己心力的无端耗费,无异于自己设置虚拟的精神陷阱。只要好好地把握现在,什么事情都可能出现转机。所以,在人生的储蓄卡上,请不要预支烦恼。

是的,看到别人的不幸感到惋惜时,也可以借此安慰一下自己,自己身体是健康的,工作是稳定的,日子一天比一天好,虽然压力一天比一天大,但前景总体来讲还是不错的。世事无常,在任何事情面前,平安健康才是最大的福气。

佛陀有一天询问弟子:"我们的生命有多长时间?"一位弟子抢先回答:"数日间。"于是,又再问道:"生命有多长期限?"另一位弟子答道:"饭食间,你也不明白。"最后,佛陀再次提出同样的问题,一位弟子举手道:"生命在呼吸之间。"佛陀笑了,生命在呼吸之间,出息不还,即是后世。

生命如此短暂,如此脆弱!

关心我们的父母亲人,今天就去做,世事无常,不要等失去了再后悔。今天的事今天就做,明天还有明天的事要做,只有懂得把握"今天"的人,才会给明天创造希望。"今日脱下鞋和袜,明朝不知穿不穿?"生命是无常变化的,没有人知道明天将会如何,如果把每天都当作是生命的最后一天,或许比较容易提起信念,把握当下。

古话说:今朝有酒今朝醉,明日愁来明日忧。人生最愚蠢的事莫过于提前给自己预支烦恼,明天又有明天的快乐和烦忧。那么,今天有欢乐就要好好享受,不要去想明天会发生什么事情,更不必像古人那样因为占卜吉凶而烦忧,重要的是活在当下,就要快快乐乐!因为,快乐和命运都掌握在我们自己手中。

第六章 重人轻命，不迷鬼神
——晏子原来这样说命运之道

天殃不善，善必福之

【原典】

晏子曰："人行善者天赏之，行不善者天殃之……天之下殃，商于富强。为善不用，出政不行；贤人使远，谗人反昌；百姓疾怨，自为祈祥；录录强食，进死何伤！"

【古句新解】

晏子说："人行善事，上天就会赏赐他；人若不行善，上天就会惩罚他，给他带来祸殃……上天降灾殃，往往选择富强之国。因为富强国家的君王往往不行善事，政令不实行；贤人被疏远，诸侯小人反而昌盛；百姓怨恨强烈，君主反而自我祈祷吉祥；碌碌无为而美食奢侈，走向灭亡也不知道感伤。"

自我品评

所谓上天的惩罚，实际上是客观规律的惩罚，是自己过错造成的自食其果。大到国家，小到个人，一旦富裕了、强大了，就会面临新的考验——是谨慎克己、继续努力、再求发展，还是穷奢极欲、近佞远贤、忘乎所以？这是继续强大还是走向灭亡的分水岭。可惜的是，许多情况下，人们能抗压力、耐艰苦、忍挫折而成长，却不能享受富有和强大，能在苦水与烈火中成长，却在鲜花与掌声中垮台。

古时候三苗大乱，民不聊生。古帝高阳于是给在玄宫的禹下达命令，大禹亲自握着天帝的瑞玉令符，去征讨有苗。雷电震撼，有一尊神人面鸟身，用手捧着圭玉侍立，挟箭急射有苗头领。有苗军大乱，一败涂地。大禹战胜三苗后，便划分山川，分别物类，节制四方，于是黎民百姓安居乐业。

商汤驱逐夏桀，亦同此理。桀王无道，导致寒暑杂至紊乱，五谷枯焦死去。汤于是奉上天之命，率领他的部队诛讨夏桀，夏桀的民众也起而响应，归附商汤。

到了商纣王，天帝不能享受其德，祭祀鬼神不按时，于是天下又大乱。妖妇夜间出现，鬼怪夜间悲吟，有女子化为男子，天下了一场肉雨，荆棘生长在国都大道上，纣王更加骄横放纵了。有只赤鸟口中衔圭，降落在周的岐山社神庙上，说道："上天命令周文王，讨伐殷邦。"贤臣泰颠来投奔协助，黄河中浮出图箓，地下冒出乘黄马。

周武王即位后，梦见三位神人对他说："我既已使荒淫的殷纣王沉湎于酒色之中，你前去攻打他，我必定助你成功。"武王于是决定替天行道，消灭纣王这个无赖，反商为周。政教通达四方，天下太平。

这只是古代的神话传说而已。是假是真我们无从考证。那么，天到底会不会惩罚恶人呢？晏子是不相信有鬼神的，但他认为，不管鬼神有无，只要一心行善，肯定有好的回报的。

俗话说：善有善报，恶有恶报。为人只有行善积德，心中坦荡，才能得到好的回报。而作恶多端，多行不义，必然会遭到应有的惩罚。

19世纪90年代，在苏格兰那片热情的土地上，有一位名叫弗莱明的贫苦农夫，心地善良的他，一直以来都非常乐于助人。这一天，他正在田里干活，忽然，听到附近的沼泽地里，传来了一阵哭喊求救的声音，弗莱明闻声来不及扔下手中的农具，立刻就快速跑了过去。

原来，是一个小男孩因一时大意陷入了泥沼地中，孩子正挣扎着无力自拔，谁知，越是挣扎便愈陷愈深。

农夫弗莱明赶紧将锄头柄伸了过去，将小男孩拖出了死亡之地。

弗莱明觉得这只是举手之劳，因此并没有放在心上。

然而，几天以后，一辆华丽的马车停在了弗莱明家的门口，只见

第六章 重人轻命，不迷鬼神
——墨子原来这样说命运之道

一位彬彬有礼的绅士走下了马车，绅士来到弗莱明的面前说，自己就是那个被救小男孩的父亲，而这一次，是专程前来道谢的。

绅士知道弗莱明的家境十分贫困，打算给他一大笔钱，以示感激之情。然而，善良的农夫坚决不收，并且他还一再申明："我不是想要你的钱，才救你孩子的。"

正当他们互相推让之际，一个小男孩突然从外面走进了屋里，绅士看见后问道："这是您的儿子吗？"

弗莱明点点头说："是的，这是我的小儿子。"

随后，绅士接着说："那这样吧，既然您不愿意收钱，我也就不勉强了。但是，您毕竟是救了我儿子的，不如让我也为你的儿子尽点力。如果您愿意的话，我打算资助您儿子接受良好的教育，假如这个孩子也像您一样善良，那么，他将来一定会成为一位令您感到骄傲的人。"

想想自己这个家徒四壁的环境，再看看这位非常有诚意的绅士，弗莱明为了孩子的将来考虑，便答应了绅士的提议。而绅士也是说到做到，从小学到大学一直供这个孩子读书，直到这个孩子从医学院毕业为止。另一方面，弗莱明的孩子也很争气，凭着自己的勤奋与努力，在1928年首次发明了举世闻名的青霉素，成为了英国著名的细菌学家亚历山大·弗莱明教授。

俗语说，无巧不成书。半个世纪以后，被农夫弗莱明救起的绅士的儿子，在一次出国访问回来时，非常不幸地感染了肺炎，在当时医术并不发达，肺炎是一种难以治愈的疾病。在几位医生都束手无策之时，绅士儿子的病情却在不停地恶化而生命垂危。正当此生死攸关之际，听说此事的弗莱明教授赶紧带上青霉素，来到绅士儿子的身旁。

经过弗莱明教授精湛医术的治疗，绅士儿子的疾病终于痊愈了。其实，那位被农夫弗莱明救起的小男孩不是别人，就是英国著名的政治家、"二战"时期的首相丘吉尔爵士。时隔不久，丘吉尔为了答谢弗莱明教授，特地亲自登门拜访，并且，还真诚地对他说道："你们一家人救了我两次，给了我两次生命啊！"

弗莱明教授回答："不，第一次是我父亲救了您，而这一次不是我救了你，应该说是您父亲救了您！"

也许，谁都不可能料到，一位农夫救起一个素不相识的孩子，竟然会使自己的人生发生如此重大的变化，他自己的儿子因此而获得了受高等教育的机会，并且，在日后还成为了英国著名的细菌学家，举世闻名的青霉素的发明者。丘吉尔首相在"二战"中功勋卓著，弗莱明教授发明的青霉素拯救了无数条鲜活的生命，这两个人都为人类作出了重大贡献！

在这个完美结局的最后，我们不妨设想一下，如果没有农夫那一次的善举，又怎么可能有后来这两位年轻人的辉煌成就呢？从这个意义上而言，农夫弗莱明行善积德所获得的报酬，才是最高、最优厚的，甚至还可以说，是举世无双的！其实，这个真实故事里的因果报应，是偶然之中的必然，而农夫这种不求回报的纯粹善举，才是最值得我们学习的。

做了一件有利于别人的事情，给人一个迫切需要的帮助，救援了一个需要救援的人，内心会有一种什么样的感受呢？是否会有一些安慰、一些自豪、一些快乐，或者感受到了善良？有，这就是回报。这就是这件事情带给你的一个好报应，也是福的起源。

反之，做了损害别人的事情，伤害了无辜者的利益和生命，内心往往会有一种罪恶感，会感到愧疚。也许这件事情永远都不会被别人知道，但你的内心还是会感到恐慌。因为你隐瞒了别人，却不能瞒过自己；别人放过了你，你却不能放过你自己。这便是良心的审判、良心的惩处。这也是恶的报应，祸的开端。

为善，如春园之草，不见其长，日有所增；为恶，如磨刀之石，不见其损，日有所亏。于是，久而久之，为善者必福气临门，为恶者必大祸临头。为善的人并不图别人报恩，只是良心使然，感到这是自己应该做的。正是因为他们善良，经常做好事，天长日久，在诸多好事中便一定会得到某些回报。撒下善的种子，必然得到善的回报；播下恶的种子，必然得到恶的果实。这不是宿命，不是天在作怪，而是我们思想和行为的必然性里所蕴含的偶然性。

第六章 重人轻命，不迷鬼神
——晏子原来这样说命运之道

天道不谄，不贰其命

【原典】

晏子曰："天道不谄，不贰其命，若之何禳之也？且天之有彗，以除秽也。"

【古句新解】

晏子说："天有它的规律，人不可以怀疑它，也不可能改变它，怎么能用祈祷的办法除掉彗星呢？况且天上出现彗星，是为了扫除污秽。"

自我品评

西周以前，原始宗教观笼罩着人们的意识，人们相信人世间的一切都是由"天"主宰的，"天"不仅有道，而且有意识。"天"或"上帝"能干预人事，对人进行奖惩。而"天子"就是"天"或"上帝"在人间的代表，他们是受"天命"也就是天的命令在人间实施统治的，他们死了之后也就成了神到天上"在帝左右"，一起主宰人事。

但是西周时人们也认识到，人间的王虽然是受命于天的天子，但"天命"是"无常"的，会变的，否则就不会发生商朝取代夏朝，周朝取代殷商那样的事情了。那么天在什么情况下会改"命"呢？就是当这个人间的天子缺德的时候。比如商纣王，很缺德，不能爱民保民。就配不上"天命"，"天命"就要改了。改也就是"革"，天命改了，也就是"革命"了。所以《周易》里面有句话，叫做"汤武革命，顺

215

乎天而应乎人"。可见"革命"的合法性，就在于"替天行道"。

有鉴于此，周天子对自己的"德"很在意，反复告诫子孙要"敬德"、"明德"，要"保民"。他们小心谨慎地观察"天"的"情绪"，如果出现了日食、月食或是其他不寻常的自然现象，他们就认为"天"不高兴了，可能是因为我们做错什么事了，于是反省自己，修正自己的政治。这种观念在当时是一种普遍的意识形态。即使到了战国时期，墨子还利用这种意识形态，大肆鼓吹"天志"、"明鬼"，为自己的社会政治主张提供支撑。

但是另一方面，自春秋以来，一种人文主义、理性主义的思潮也逐渐兴起，就是认为"天道远，人道迩"，意思就是说"天道"离我们其实很远，"人道"才是贴近我们现实的事情，把我们人自己的事情搞好是最重要的。孔子、孟子虽然没有切断"天道"和"人道"之间的联系，但显然是更加关注人道和人事，他们对"天"以及鬼神只是采取一种敬而远之的态度，也就是对"天"和"天命"表示敬畏，但却不多谈论。孔子认为"天"是不会直接说话的，它只是用日月四时的运行来表示它的意思。孟子则认为，如果说"天"是有视觉和听觉的话，那也是通过老百姓的视觉和听觉来表现的，所以统治者要特别在意"民视"、"民听"。

晏子认为自然界有自己的运行规律，不会因为人们的祭祀祈祷就改变其规律。关于彗星出现预示国家将有灾难降临的迷信说法，在古代已经流传很久。齐景公看到彗星出现于齐国上空，以为不祥，让柏常骞禳除彗星，以避免灾难的发生。

晏子认为这种做法"无益也，只取诬焉"，是没有用处的，是自我欺骗而已。他认为"天道不谄，不贰其命"，即彗星有自己的运行规律，不会因为人们的祈祷就改变它的运行规律。晏子知道彗星有出现就会有消失，过一段时间自然会运行而去。他利用景公等人的迷信思想，劝景公改变奢侈的生活作风，改良政治，善待人民。他说："天之有彗，以除秽也。君无秽德，又何禳焉？若德之秽，禳之何损？"明

第六章 重人轻命，不迷鬼神
——晏子原来这样说命运之道

确指出国家的吉凶，不在于彗星是否出现，而在于君主是否有德，政治是否清明。当出现"荧惑守虚"的天象时，景公认为天将降灾，晏子知道经过一段时间，这一天象定会发生变化，于是又借机劝景公改善政治，散官府之财以救济贫民，平反冤狱释放无辜之人，"行之三月，而荧惑迁"。又如齐国遇上大旱，景公要派人祭祀山川以求雨，晏子说山是"以石为身，以草木为发，天久不雨，发将焦，身将热"，山若有神，也是盼望下雨的。河是"以水为国，以鱼鳖为民。天久不雨，水泉将下，百川将竭，国将亡，民将灭矣"。河伯也是盼望下雨的。所以祭祀山神河神都没有用处。晏子又巧妙地把话题引向要求景公改善政治、善待民众的话题上来，要求他效仿古代圣王的做法，走出豪华的宫室，将自身曝露于野外以祈求降雨。

晏子一方面不迷信鬼神，善于对当时人所谓的不祥事物作出合乎情理的唯物的解释，对破除人们的迷信思想收到了较好的效果，在那个科学还很落后的时代，晏子的做法实属难能可贵。另一方面，晏子还善于利用君主等人信仰鬼神的迷信思想，以避免灾祸为由，教育引导他们把注意力放在改良政治、改善民生方面，收到了较好的效果。这些都反映了晏子的机智聪明和爱国爱民。

晏子提出："天道不謟，不贰其命，若之何禳之也？且天之有彗，以除秽也。"意思是说，天有它的规律，人不可以怀疑它，也不可能改变它，怎么能用祈祷的办法除掉彗星呢？况且天上出现彗星，是为了扫除污秽。从另一个角度来说，就是让人民不要迷信鬼神，要有一种随遇而安的心态。

随遇而安，表面上看起来是一种停顿，甚至好像有点随波逐流。但当你陷入一种不好的境遇，而又无能力改变时；当你的生活突然发生变故，需要重新开始；当你想摆脱目前的现状，却不知道下一步该怎么走时，"随遇而安"或许是最好的"解药"。

药山禅师门下有两个弟子，一位是云岩，另一位是道吾。一天，众人在山中参禅，见到一棵树长得很茂盛，而另一棵树却只剩下枯黄

217

的枝叶，此时药山禅师想借机示教，于是便问道吾说："荣的好呢，还是枯的好？"道吾回答："荣的好！"接着禅师又问云岩，云岩却回答："枯的好！"此刻刚好来了一位俗姓高的沙弥，药山就问他："树是荣的好呢，还是枯的好？"沙弥说："荣的任他荣，枯的任他枯。"

面对荣、枯二树，三位禅者各有所见。高沙弥的"荣的任他荣，枯的任他枯"展现的是一种闲适独到的眼光，任枯任荣就是一种不加分别的心境，就是一种随遇而安。你只管坚定信念做你的事就行了，管它外面是春夏秋冬？无意掉落的一粒种子，也许来年就发芽开花，夫复何求？

人生需要做的事很多，不能做这一件，那可以先做另一件；在你没有储存足够的能量时，当然不能实现自己的理想；在你没有完全看清楚这个改变意味着什么之前，你无法判断方向。所以随遇而安，是在考验人的应变能力。

对于某些人来说，随遇而安是一种过渡性解决问题的方法，可以帮你减轻"浮""躁"之气，保持清静的头脑。对于追求生活质量的人来说，它就是一种境界，无论你身处何位，都能达观从容，运筹帷幄。我们都是凡夫俗子，人生道路上会判断失误，遭遇意外，会遇到许多不如意，这时是自暴自弃，还是妥协放弃？不如随遇而安，默默地寻找时机，同时也踏实地享受生活。

世界的运转遵循的是强大的自然规律，不以个人意志而改变。每个人所能改变的只有自己。只有改变自己，才可能获得成功。因此说："天道不謟，不贰其命。"

第六章 重人轻命，不迷鬼神
——晏子原来这样说命运之道

占梦非真，心理使然

【原典】

晏子曰："占梦者以臣之言对，故有益也；使臣言之，则不信矣。此占梦者之力也，臣无功焉。"

【古句新解】

晏子说："因为是占梦的人按照我的话回答您，所以您相信了，得到了好处；如果我对您说这样的话，您是不会相信的。所以这是占梦者的功劳，在这件事上我没有什么功劳可言。"

自我品评

古代人做一个梦也要去占卜，因为当时科技不发达，同时也没有人提出唯物主义理论。其实，用我们今天的话说，一切都是心理作用。有些东西，本来就是信则有，不信则无。心理作用的力量有时是无穷大的。这也是今天心理医生存在的重要原因。

景公得了腹部积水的病，卧病在床十多天。一天夜里梦见他和两个太阳争斗，没有取胜。晏子朝见景公，景公说："夜里我梦见和两个太阳争斗，我没有打胜，我大概要死了吧？"晏子回答说："请把占梦者召来问一问。"

晏子从宫中小门出来，派人用车去接占梦的人。占梦的人来了，说："召见我有什么事？"晏子说："夜里君主梦见和两个太阳争斗，没有取胜，认为自己一定要死了，所以请您来解梦，看看是吉是凶。

219

这就是请您来的原因。"占梦者说："请让我查一查解梦的书（看看书上是怎么说的)。"晏子说："您不用查书了。（我告诉您）君主所得的病，是阴气过盛造成的，太阳代表着强盛的阳气。一股阴气敌不过两股阳气，君主的病就要好了。您就按照我说的话来回答。"

占梦的人进入寝宫，景公说："我梦见和两个太阳争斗而没有取胜，我是不是要死了？"占梦的人回答说："君主您所得的病，是阴气过盛造成的；太阳则代表强盛的阳气。一股阴气敌不过两股阳气，预示着君主的病就要好了。"

过了三天，景公的病果然痊愈了。景公要赏赐占梦的人，占梦的人说："这不是我的功劳，是晏子教我这样说的。"景公又召来晏子，要给他赏赐，晏子说："因为是占梦的人按照我的话回答您，所以您相信了，得到了好处；如果我对您说这样的话，您是不会相信的。所以这是占梦者的功劳，在这件事上我没有什么功劳可言。"最后景公对他们两个人都给予了赏赐，并解释说："这是因为晏子不抢夺别人的功劳，占梦的人不掩盖别人的才能。"

晏子只不过是利用了当时流行的阴阳观念对梦作了令人容易接受的解释，对景公实施了心理安慰，再加上医疗的作用，病很快就痊愈了。

中医讲"气"，《黄帝内经》认为："许多疾病都是由于气机失调引起的。愤怒则气上逆，欢喜则气舒缓，悲伤则气消沉，恐惧则气下陷，遇寒则气收敛，受热则气外泄，受惊则气紊乱，过劳则气耗散，思虑则气郁结。"可见，身体健康与否，与人的心情有着直接关系。而现代医学研究也一致认为，忧虑是影响人身心健康的大敌。它不但会诱发溃疡、高血压、心脏病等诸多生理疾病，还会造成抑郁症等心理疾病。

据说，古时候，残忍的将军要折磨他们的俘虏时，常常把俘虏的手脚绑起来，放在一个不停往下滴水的袋子下面……水，滴着、滴着……夜以继日，最后，这些不停滴落在头上的水，变得好像是用锤子敲击的声音，使那些人精神失常。而忧虑就像不停往下滴的水，通常

第六章 重人轻命，不迷鬼神
——墨子原来这样说命运之道

会使人心志丧失而自杀。这也是每年因为忧虑而死于自杀的人，比死于种种常见传染病的人还要多的重要原因。

小金平时好静，遇事敏感多虑，器量不大，常常因小事与同事发生争执，并为此生闷气，事后又懊悔不已。她也十分敏感，因此经常失眠。每夜辗转反侧，脑海里像放电影一样反复出现白天发生的事。到了白天上班时，头脑昏昏沉沉，注意力无法集中，记忆力也减退了。后来，她开始变得怕吵闹、怕光，特别容易受惊吓。同时，由于对工作进度的担心，使得上述症状就愈加明显了。因此，她对自己的身体状况很担忧，到医院进行检查，诊断结果为神经衰弱症，并伴有胃肠消化不良、感冒、失眠等疾病。

其实，小金的疾病与她遇事喜欢瞻前顾后、多思多虑有很大的关系。经过测试发现，她的神经类型属于易兴奋型，在学习、工作、人际交往等生活事件中，大脑神经经常处于过度紧张和兴奋的状态。长此以往，大脑对兴奋的抑制调节能力减弱，遇到烦恼就难以恢复平静，因此特别容易出现大脑的慢性功能失调和疲劳，并出现身体不适等慢性疲劳症状。而小金思虑过度的毛病，是导致其大脑功能失调的症结所在。

小金自从患上神经衰弱后，尽管一心想将工作效率提上去，却始终都是事倍功半，心中痛苦不堪。神经衰弱引起的脑力疲劳经常伴有烦恼、焦虑、轻度抑郁等不良情绪，这让她看上去心事重重。她对自己的现状不满，希望有所作为，却往往想得多做得少，精神能量消耗在没有实际价值的空想上，出现了失眠症状。

对于这种由不良情绪引起的疾病，医生采用心理治疗的方法。针对神经衰弱最突出的表现——睡眠问题，医生建议她培养定时作息的睡眠习惯，等有睡意后再上床睡觉，次日用闹钟定时叫醒，从而建立恒定的生物节律。

关于治疗失眠的心理训练方法，小金采取的是数羊法，即在脑中想象草原上有一群羊，把它们一只只数完。有时数羊法效果很好，有时则不然，这时可以找一本枯燥乏味的书翻看，待有睡意后，即可关灯睡觉。

　　在心理疗法的基础上，医生建议小金保持脑力劳动和体力劳动相平衡，坚持体育锻炼。由于工作与生活的合理安排，使得小金过度思虑的习惯得到了很大的改变。经过一段时间的治疗之后，小金的神经衰弱症有了很大的改善，不仅睡眠变得规律了，而且情绪也变得稳定了。

　　看来，百病皆是由心理使然。现代生活的紧张节奏及沉重的压力，往往让人们的心理不堪重负，心理防御力也大大下降，以至于心理疾病横行，而心理疾病的肆虐又让人们的身体防御能力大幅度下降，导致身体健康受到严重威胁。因此说，要学会调节自己。

　　天下本无事，庸人自扰之，世间事无不如此。人最大的困扰往往来自于自身，大部分"魔"都是子虚乌有。在现实生活中，经常疑神疑鬼的人实在不少。

　　这些人没病也能凭空想出病来——胃稍有不舒服便想是不是得了不治之症？今天上班别人没跟他打招呼就怀疑对自己有成见？如果你是这样的人，就应该开阔心胸，力求豁达、超脱。不要以为别人窃窃私语就肯定是在捣鬼，自己在单位里不顺利就是有人故意使绊，你要学会从自己身上找原因。

　　世界上最宽广的是海洋，比海洋更宽广的是天空，而比天空更宽广的是人的心灵。一个心胸辽阔的人，哪里会来那么多烦恼呢？当然，这并不是说所有的烦恼都是自寻的。但外在条件毕竟只是外在的，内因才是病源的根本。"民不畏死，奈何以死惧之"，如果一个人不求长命百岁，那么自然不会那么害怕死亡；不求大富大贵，清贫点也就无所谓了；不想出人头地，那么平凡也落得一身自在。

　　很多时候，所谓的困扰其实并不是来自外界，而是出自自己的内心。因此，如果内心淡定，那就不会受到各种干扰。唯有保持一个乐观的心态，万事皆平常的心态，那么，一切都是美好的。

第七章 卫国保民,和平外交

——晏子原来这样说军事之道

在春秋时代,多数执政的政治家都兼管军事,晏子身为齐相,掌管政府的全面工作,自然也包括军事工作。晏子继承了商、周以来传统的以仁义之师讨伐暴虐之国的战争观。同时,他也认为,只有和诸侯国和平相处,推行德义以和好诸侯,才能使国家免于战乱,求得安定。

第七章 卫国保民，和平外交
——晏子原来这样说军事之道

以谋胜敌，益臣益民

【原典】

晏子曰："以谋胜国者，益臣之禄；以民力胜国者，益民之利。故上有羡获，下有加利。君上享其名，臣下利其实。故用智者不偷业，用力者不伤苦，此古之善伐者也。"

【古句新解】

晏子说："以谋略战胜敌国的时候，就应该给谋臣增加俸禄；以民众力量战胜敌国的时候，就应该给民众增加利益。所以，当君王有多余的收获时，也应该使自己的臣民获得实际利益。真的实行了这样的政策，以智慧被任用者就不会懈怠苟且，以劳力被使用的民众也就会不怕吃苦劳累。这正是古代善于征伐者的政策。"

自我品评

和平与安定是人民的愿望，只有和平才能让人民安居乐业，让国家太平。任何一个国家，都不应该发动战争。对于国民，也应该让他们得其所得，这样才能益民益臣。

晏子主张运用谋略和外交手段制止敌国的侵犯，把战争危险消除于萌芽状态。晋平公曾图谋攻打齐国，先派使臣范昭前往齐国打探虚实，观察形势。晏子识破了晋国的计谋，运用有理有节的外交手段，使晋国打消了进攻齐国的企图，保卫了国家的安全。孔子称赞晏子的做法是"不出尊俎之间，而折冲于千里之外"。

孙子的"全胜"思想，就是用不流血的斗争方法，迫使敌人屈从于己方的意志，既不损己方兵力、财力，而又不破坏敌方的兵力、物力，并将敌方的兵力、财力转化为我方所有的方式，实现己方的战略目的，收到"自保而全胜"的完美效果。这样，就使"用兵之害"减少到最低的程度。战争如能这样取胜，自然远远不是经过流血战斗取胜所能比拟的，这无疑是军事上所有谋略中的最上策，"善之善者也"。因此，孙子"不战而屈人之兵"的"全胜"思想，既是战略决策的最佳选择，也是战术决策的最佳选择。

"上兵伐谋"是说以智谋挫败敌人的战略计谋，乃是用兵作战的上策。据颜师古注："言知有谋者，则以事而应之，阻其所为，不用兵事，所以为贵耶。"但是，"伐谋"必须以军事实力为后盾，又和战场上的军事行动紧密相连。在一定条件下，指挥者对计谋运用得当，常可以不用武力而使敌人屈服，避免或推迟一次战争的爆发。

大成者必有大谋略，这大谋略又出自于心中的智慧。巧妙的全胜，不能以蛮力求强，而应当以巧求强，这才是聪明人的智举。此可谓顺势而行之道。

东汉末年，曹操平定河北之后，大举南下，征伐荆州。刘琮自知不是曹操的对手，便率众投降。这样，曹操不费吹灰之力，占领了襄阳。

刘备因寡不敌众，只好率部退往江陵，但在长坂坡被曹军追击。双方血战一场，刘备大败，幸得张飞保护，且战且走。待到天明，见追兵渐远，刘备方敢下马歇息。

这时，赵云、糜竺、简雍等均不知下落，刘备身边只剩下一百多名骑兵。正凄惶之间，忽见糜竺身带数箭，踉跄而来，口称"赵云投降曹操去了"。

刘备不信，张飞说："他见我们势穷力尽，所以投降曹操，以便图取富贵。我现在就去找他，如果撞见，就一枪刺死他。"说完，不听

第七章 卫国保民，和平外交
——墨子原来这样说军事之道

刘备劝阻，飞身上马，率二十多名骑兵，回到长坂桥边。他见桥东有一大片树林，心生一计，命二十多名骑兵，都砍些树枝，拴在马尾上。在树林中往来奔驰，扬起尘土，作为疑兵；自己则横矛立马于桥上，向西而望。

其实，赵云并未投降曹操。撤退时，他受命保护刘备家老小，在长坂坡被曹军冲散，便不顾死活，返身杀入重围。经过一天血战，赵云先后救出简雍、糜芳、甘夫人和阿斗，杀死曹营名将五十多员，直突重围，到达长坂桥边时，已经是人困马乏。他见张飞挺矛立马于桥上，便大呼："翼德援我！"张飞因有简雍报信，已知赵云并未背叛，便说："子龙快走，追兵有我抵挡。"赵云纵马过桥。此时，曹军大将文聘引军至桥边。他见张飞倒竖虎须，圆睁环眼，手持蛇矛，立马桥上；又见桥东树林之后，尘土飞扬，疑有伏兵，便勒住马，不敢近前。不一会儿，曹仁、李典、张辽、许褚都来到长坂桥，见张飞怒目横矛，立马于桥上，都恐怕是诸葛亮用计，谁也不敢向前。只好扎住阵脚，一字儿摆在桥对面，派人向后军飞报曹操。

曹操得到报告，赶紧催马由后军来到桥头。张飞站于桥上，隐隐约约见曹营后军有青罗伞盖、仪仗旌旗来到，料想是曹操起了疑心，亲自来阵前查看。张飞等得心急，大声喝道："我乃燕人张翼德，谁敢来与我决一死战！"声音犹如巨雷一般，吓得曹兵两腿发抖。曹操赶紧命左右撤去伞盖，环视左右将领，说："我以前曾听关云长说过，张飞能于百万军中，取上将头颅如在囊中取物那么容易。今天遇见，大家千万不可轻敌。"曹操话音刚落，张飞又圆睁双目大声喊起来："燕人张翼德在此，谁敢来与我决一死战！"曹操见张飞如此气概，自己已是心虚，准备退军。张飞看到曹操后军阵脚移动，又在桥上大声猛喝道："战又不战，退又不退，却是何故？"喊声未绝，曹操身边一员大将夏侯杰惊得胆肝碎裂，从马上栽到地下，气绝而死。曹操赶紧掉转马头，回身便跑。于是，曹军众将一起往西奔逃而去。一时弃枪丢盔者，不计其数，人如潮涌，马似山崩，自相践踏。

张飞见曹军一拥而退，不敢追赶，急忙唤回二十余骑士兵，解去马尾树枝，拆断长坂桥，回营交令去了。后待刘备得势时，张飞屡屡受赏。

上兵伐谋，其次伐交，其次伐兵，其下攻城。不经过直接交战，而使敌人屈服的"全胜"战略思想，是军事上所希望达到的最理想的境界。打仗首先要靠动脑子，做事情也是如此。做事情讲究方法，同样实力，方法正确，事半功倍；方法错误，事倍功半。

"不战而屈人之兵"的全胜思想，虽是兵家取胜之法，生产经营亦同此理。

1978~1979年，我国香港的船王包玉刚和地产商李嘉诚携手，与实力雄厚的英资怡和洋行及和记洋行进行了争夺股票资本的一场商战。

李嘉诚握有英国怡和洋行所属九龙仓股票2000万股，相当于该洋行九龙仓全部股本的18%。李嘉诚想控股和记洋行的黄埔股份有限公司，感到实力不足，包玉刚却有英资和记洋行的黄埔股份有限公司的股票9000万股，而且包氏想称雄九龙仓。于是包氏用谋，李氏响应。两人携手合作，暗中双双转手，李把九龙仓的2000万股转卖给包，包协助李购得和记黄埔股票9000万股。

在包、李与怡和洋行的争夺战中，五次交锋，使得怡和洋行屡屡吃亏上当。

当包氏宣布以现金购买九龙仓股票2000万股时，怡和无动于衷，反而加以嘲笑！认为包氏无论如何也不可能在两天内支付出20亿港元现金，纵然靠印钞机也难以在一两日之内印出如此之多的现钞。可是包氏从1979年6月23日开始，在两天之内竟然兑付出巨额现钞。

当怡和从梦中醒来，包氏请帖也已送到，邀请九龙仓的二股东怡和置地的董事出席包氏主持召开的第一次新九龙仓股份有限公司的董事会议。从此包氏完全获胜，占有了九龙仓的控股权。

以谋取胜，可以减少损失。有时在不得不应战时，就应该为之。作为人民，应该以义取财，该得到的就取之；作为领导，就要保证人民该得到的一定让人民得到，以使国家的事业有所保证。益臣益民，实际上就是益国益君。

第七章 卫国保民，和平外交
——晏子原来这样说军事之道

智者多豫，愚者多悔

【原典】

晏子曰："愚者多悔，不肖者自贤，溺者不问坠，迷者不问路。溺而后问坠，迷而后问路，譬之犹临难而遽铸兵，噎而遽掘井，虽速，亦无及已。"

【古句新解】

晏子说："愚蠢的人多后悔，没才能的人总是自以为贤能，被水淹了的人是因为不问水深浅，迷路的人是因为不问路。掉水里淹着了才问水深浅，迷路很久才问路，这就好比战争开始了才慌忙打造兵器，吃饭噎着了才慌忙挖井找水喝，即使速度再快，也已经来不及了。"

自我品评

一切悔恨，都是因为事先没有料到的事发生了，不希望出现的事出现了，自以为是的事情受到了惩罚。一事当前，必须有所准备，有调查、有预想、有补救方案。"凡事预则立，不预则废"，"人无远虑，必有近忧"，"谋无主则困，事无备则废"，先哲们给我们的教诲太多了，但不问路而迷失、不问水而坠溺之事仍时有发生，究其原因就在自以为是。自以为是者必多愚，愚者必多悔。

忧患意识强调的是预防、刘备的重要性。兵法讲究出奇制胜，对"不预"的人来说，灾患就是一支可怕的奇兵，它的突然降临往往能导致一个国家的灭亡、导致一个企业的猝然失败。在不利环境下，预防、准备是理所当然，在有利环境下，预防、准备更是不可或缺。做事为人也是这样。凡事预则立，不预则废，只有居安思危、未雨绸缪，才能防患于未然，才能在灾患突然出现时从容应对。

有这样一则寓言。一只野狼卧在草地上勤奋地磨牙，狐狸看到了，就对它说："天气这么好，大家在休息娱乐，你也加入我们的队伍中吧！"野狼没有说话，继续磨牙，把自己的牙齿磨得又尖又利。狐狸奇怪地问道："森林这么安静，猎人和猎狗已经回家了，老虎也不在近处徘徊，又没有任何危险，你何必那么使劲磨牙呢？"野狼停下来回答说："我磨牙并不是为了娱乐，你想想，如果有一天我被猎人或老虎追赶，到那时，我想磨牙都来不及了。而平时我就把牙磨好，到那时就可以保护自己了。"

寓言中的道理大多数人耳熟能详，但真正做到的却少之又少。"书到用时方恨少"，平时若不充实学问，临时抱佛脚是来不及的。也有人抱怨没有机会，然而当机会来临时，再感叹自己平时没有积蓄足够的学识和能力，以致不能胜任，也只能后悔莫及。

"度、量、数、称、胜"五事，是未战先计的谋略内容。中国古代军事家多认为："五者皆因地形而得，故自地而生之也。"即根据国家、战场的土地面积、地形特征从而估量人口、兵员，进而计算地产、物资；进而权衡军事实力；最后综合判断敌我双方军事实力，决定胜战方案。

东汉时，曹操任命夏侯惇为都督，于禁、李典、夏侯兰、韩浩为副将，领兵10万，到博望坡见机行事。

当时，诸葛亮正在招募民兵，已经招到了3000人，诸葛亮从早到晚教他们演练阵法。士卒忽然来报，曹操派夏侯惇领兵10万杀奔新野而来。刘备急忙请诸葛亮商议对策。诸葛亮怕众将不听号令，向刘备借了印信宝剑，然后聚集众将传令。

诸葛亮说："博望坡左面有山，名叫豫山；右面有座树林，叫安林，这两处可以埋伏军马。云长可以带1000军兵去豫山埋伏，等敌军

第七章 卫国保民，和平外交
——晏子原来这样说军事之道

到来，放他们过去，别打；他们的辎重粮草必定在后面，只等看见南面火起，再让军兵出击，焚烧他们的粮草。翼德带 1000 军兵到安林后面的山谷中埋伏，只要看见南面火起，就可以出击，到博望城旧的屯粮之处放火烧粮草。关平、刘封领 500 军兵，预备引火的用品，在博望坡后面两边等候，等初更时敌兵一到就放火。"然后，诸葛亮又从樊城召来赵云，命他为前部，不要赢，只要输，最后请刘备带一队人马做后援。诸葛亮命令众人："各自必须按计划做事，不许失误！"云长说："我们都出去迎敌，不知军师却做什么事？"诸葛亮说："我就坐守县城！"张飞大笑说："我们都去拼杀，你却在家里闲坐，好自在哟！"诸葛亮说："剑印在这里，违令的人杀头！"刘备也说："难道没听过'运筹帷幄之中，决胜千里之外'吗？二位兄弟，不能违令。"张飞冷笑着走了。云长说："我们且看他的计策应验不应验，那时再来问他也不迟！"

当夏侯惇领兵到博望坡后，立即分出一半精兵作为前队，其余的都保护粮车前进。曹军正在赶路，忽然看见前面尘土飞扬。夏侯惇把人马摆开，问明前面就是博望坡，后面是罗川口。他让于禁、李典押住后阵，亲自出马到阵前，一望敌军，就大笑起来，说道："我笑徐元直在丞相面前，把诸葛亮夸成神仙；现在看他用兵，用这样的军马和我对阵，真像是赶着狗和羊去与虎豹相斗了！我在丞相面前夸口，要活捉刘备、诸葛亮，今天必定能实现我的诺言了！"随即纵马向前，对赵云骂道："你们跟着刘备，就像孤魂跟着野鬼一般！"赵云大怒，纵马来战，没战几个回合，赵云就假装败走。夏侯惇在后面追赶，跑了十多里，赵云回马又战，没几回合，又再逃走。韩浩提醒夏侯惇谨防埋伏，夏侯惇却说："这样的敌军，就算十面埋伏，我又怕什么呢！"不听劝阻，继续向博望坡追去。后来，遇到刘备接应交战，夏侯惇笑着说："这就是埋伏的兵马啊！今天晚上，我不到新野，誓不罢兵！"催着军兵前进。刘备、赵云立即逃走。

这时天色已晚，浓云密布，没有月光；白天已刮起大风，这时就越刮越大了。夏侯惇只顾催军追赶。于禁、李典赶到狭窄的地方时，

看到两边都是芦苇，担心遭到火攻，李典马上让后军停止前进，于禁去前军劝夏侯惇多加防备。哪知，人马走疯了，后军一时也阻拦不住，于禁赶到前军劝住都督，此时回军，为时已晚。话还没说完，背后喊声大起，燃起一派火光，很快烧着了两边芦苇。一时间，四面八方，全都是火；又赶上风大，火势更猛。曹军人马，自相践踏，死伤不计其数。赵云回军赶杀，夏侯惇只得冒着烟火逃跑了。李典一见大势不好，急回博望城，却被一将拦住，原来是大将关云长。两军混战，李典夺路逃跑，于禁一看粮草车辆全都被烧，就从小路逃跑了。夏侯兰、韩浩来救粮草，正遇张飞。没有几个回合，张飞一枪刺死夏侯兰，韩浩夺路逃跑。一直杀到天亮，真是杀得尸横遍野，血流成河。

诸葛亮运筹帷幄，火烧博望坡，大败曹军，立刻在军中树立起了威信，此后，张飞、关羽等人对诸葛亮也是佩服万分。

"度、量、数、称、胜"五事，是未战先计的谋略内容。这个军力判断的过程，表现为对"度、量、数、称、胜"之间相互制约关系的综合考量。诸葛亮这计谋正是准备工作做得好，所以才会大获全胜。

人生之旅从选定方向开始，有什么样的目标就有什么样的人生，但仅仅有了方向还是不够的，还要沿着这个方向设定目标并不断调整目标，以防止计划外的或不利于自己的"患"突然出现，使事情完全按照自己预定的轨迹发展。

西方有句谚语：如果你不知道你要到哪儿去，那通常你哪儿也去不了。紧张而忙碌的生活往往容易使人迷失，向左走？向右走？有的时候，我们确实需要停下来，好好预计、谋划一下，做好了准备再前进，明确目标，消除隐患，少走弯路，从而达到事半功倍的效果。

成功人士常说，把80%的时间留给未来。即用20%的时间去处理眼前的紧要事情，而用80%的时间去做那些暂时没有收益但以后会有的重要事情。的确，走一步，看三步。预先防备和采取措施，笑得最长，笑到最后。这才是大智慧，这样才能永远立于不败之地。这正是：智者多豫，愚者多悔。

第七章 卫国保民，和平外交
——晏子原来这样说军事之道

讨伐暴虐，仁义之理

【原典】

晏子曰："汤、武用兵而不为逆，并国而不为贪，仁义之理也。"

【古句新解】

晏子说："商汤用兵灭亡了夏王朝，周武王用兵推翻了残暴的商王朝，世人却不认为他们是以下犯上的叛逆者；他们占有了夏朝和商朝的领土和人民，世人也不认为他们是贪得无厌之人，其原因何在呢？因为他们都是吊民伐罪，诛灭暴君，救民于水火之中，他们的行为完全符合仁义的标准啊！"

自我品评

晏子继承了商、周以来传统的以仁义之师讨伐暴虐之国的战争观，他多次赞扬商汤灭夏、周武王灭商的战争是符合道义的战争。他说"汤、武用兵而不为逆，并国而不为贪，仁义之理也。"可以看出，晏子不主张战争，但也绝不放弃正义的讨伐。

说起第二次世界大战，大家并不陌生。第二次世界大战时间是1939年9月1日~1945年9月2日，以德国、意大利、日本法西斯轴心国（及芬兰、匈牙利、罗马尼亚等国）为一方，以反法西斯同盟和全世界反法西斯力量为另一方进行的第二次全球规模的战争。从欧洲到亚洲，从大西洋到太平洋，先后有61个国家和地区、20亿以上的人口被卷入战争，作战区域面积2200万平方公里。据不完全统计，战争中军民共伤亡 9000 余万人，4 万多亿美元付诸流水。第二次世界大战最后以美国、苏联、中国、英国等反法西斯国家和世界人民战胜法西斯侵略者赢得世界和平与进步而告终。

这次战争是由帝国主义经济政治发展的不平衡加剧引起的。经济上，一战后德国不甘心《凡尔赛条约》对其的严惩和限制，由于希特勒的政府干预经济政策，经济发展再度超过了英法；意大利在一战后经济衰落；日本侵略亚洲国家的同时，美英等国禁止向日本输送石油战略物资，导致日本经济发展受到阻碍。政治上，1929~1933 年资本主义世界严重的经济危机引起了政治危机，德国和日本建立了法西斯专政，而英、法、美继续坚持资产阶级民主制度。世界大战彻底爆发。

墨索里尼鼓吹，罗马民族是世界上最优秀的民族，罗马大帝国灭亡以后一直未能复兴，是因为缺乏杰出的英明领袖，以钢铁意志实行"铁腕"统治。他和希特勒、东条英机一样，坚决反对民主自由、人道主义、社会主义和共产主义，认为，这些学说使人心浮动，社会动荡，国家涣散软弱。他们认为，武力能战胜一切，"强权就是公理"，不论在国内还是在国际社会，都必须实行强权统治，进行武力征服。

日本军国主义奉行的也是"强权政治，武力征服"。这种遗毒至今犹存。日本厚生劳动省政务官森冈正宏，推翻远东国际军事法庭对 14 名甲级战犯的判决的理由是："该法庭是由美国等战胜国单方面主持"的"违法审判"。按照他的逻辑，远东国际军事法庭不是根据 14 名甲级战犯发动侵略战争，屠杀数千万人民的滔天罪行进行判决，只是因为反法西斯盟国取得了胜利，于是"失败者（日本战犯）就成了罪人"。这表明"强权就是公理"的思想还盘踞着森冈正宏这类人的头脑。

德意日法西斯所进行的是非正义的侵略战争。世界人民所进行的是反侵略、保卫祖国的正义战争。这正是世界人民反法西斯战争取得胜利的最根本原因。另外我们也应该注意到，为了打败法西斯侵略者，必须利用矛盾，争取多数，团结一切可以团结的力量，组成最广泛的

第七章 卫国保民，和平外交
——墨子原来这样说军事之道

统一战线，反对最主要的敌人。这次反法西斯战争的胜利，正是世界反法西斯同盟建立的结果，是各国人民进行反法西斯斗争的结果。世界反法西斯战争胜利的根本原因是：世界反法西斯国家的团结战斗和世界人民的支持。

法西斯主义完全是一种疯狂地侵略其他国家，残害别族人民的生命的思想。法西斯主义危害相当之大，世界各族人民群起而攻之，正是讨伐暴虐，伸张正义的表现。

那么，在生活中，我们对一些无赖的行为也应该进行斗争，绝不能心慈手软。

"大家都来看啊，皮包，一个4块！"那男青年的高声吆喝，把一个刚下车的女顾客吸引过去了。她从其摊位上挑了一个并付了款，转身欲走，那男青年急忙拦住说："哎，还差6元。"女顾客大惑不解："每件4元，我只要了一个，不是已经付给你4元了吗？"那男青年狡黠地一笑："哪里哟，我喊的是'每个10元'。"女顾客愤然道："我明明听的是'4元'，现在你又说'10元'，这不是存心欺骗吗？"那男青年眼睛凶狠地一瞪，大吼道："谁欺骗你了？我喊的就是10元！"女顾客有些惶恐，瑟瑟地说："10元？那我不要了，退钱给我吧。"

那男青年更了不得，气势汹汹地指着女顾客："你要耍我？今天我还没开张，你就要触我的霉头？休想！说要就得要！快点，再补6元来！"那神情，似乎要把女顾客一口吞下。

女顾客难以脱身，不料她不急不忙反倒哈哈大笑起来："你吓唬谁呀？你自己看看：这种皮包，能值10元吗？给你4元，都已经抬举你了。"

"我要的是10元，你为啥给4元？"

"我听见你喊的就是4元。从目前的行市来说，顶多，也就这个价。"

"我喊的就是10元，你自己听错了，你怪谁。"

"'4'和'10'，在声音上是有明显区别的。如果要存心敲诈顾客，故意混淆它们在发音上的某些近似，即使占点便宜也只能得逞一时，最终吃亏的，还是你自己。"

"谁敲诈了？我吃亏不吃亏，关你啥事？"

"啊哟，你做生意难道不是为了赚钱？要赚钱，最起码的一点，就得讲信誉。硬要把'4'说成是'10'，这不是敲诈是什么？不顾信誉，你生意还做得下去吗？今天我就是给了你10元，你还能敲诈得了第二个吗？""我……我喊的，是10……10……元。"

"现在，不管你喊的是'4元'，还是'10元'，市场的买卖双方，都是依质论价的。像这种皮包，如果你喊10元，我绝不会买，可以说，任何人都不会买。这一点，你是比我更明白的。"

"真……的，我喊的是……10元，你又没还价，就表明你同意我喊的价了？"

"好，就算你喊的是10元。我付4元给你，就表明我认为它只值这个价，这难道不是一种具体的、实实在在的还价吗？还用得着多说话吗？要是你觉得不合算，你可以不卖；同样，你硬要10元，我也可以不买。这是市场交易的起码原则。强买、强卖，都是违法的。你想去工商所的话，我陪你！"

"好好好，便宜你了，算我倒霉……"

女青年力挽狂澜是因为她瞅准了，大凡无赖怕什么——怕理，二怕法。不难看出，开始时，由于那男青年的无赖，使她处于困境之中。但她坚信自己并没有听错，对手是在敲诈，很快就调整好自己的战术：只有坚定不移地揭露他，击中他的要害，并以法律为自己撑腰，才能扭转颓势，战而胜之。

讨伐暴虐是抵制攻伐的最直接的方式。攻伐即邪恶，讨伐暴虐即正义。尽管在形式上相仿，都是诉诸武力，但性质上截然不同。攻伐是颠倒黑白，强词夺理；诛讨是伸张正义，救民于水火。讨伐暴虐虽也要付出代价，但换来的是和平，铲除的是战争的根源。不得已的情况下，通过战争的手段或许可以达到更崇高的目的，这不但不违背正义，且合乎正义。如此说来，我们要讨伐暴虐，乃是仁义之理。

第七章 卫国保民，和平外交
——晏子原来这样说军事之道

推行德义，和平相处

【原典】

晏子曰："德行教训加于诸侯，慈爱利泽加于百姓，故海内归之若流水。"

【古句新解】

晏子说："他们用高尚的道德教导感化诸侯，用慈爱和利益惠及百姓，所以四海之内的人民像河水流向大海一样归附于他们。"

自我品评

晏子是鉴于春秋时期强国争霸、以强兼弱的事情不断发生，认为"傲大贱小则国危"，"事大养小，安国之器也"。他主张应从国家的实际情况出发，实行切合现实的军事策略，对大诸侯国不要主动挑衅，要降低姿态力求和好，避免发生武装冲突；对小诸侯国则应友好相处，并给予帮助。为国家创造一个和平安定的环境，有利于国，有利于民。是的，一个国家要想安定，除了要把国内治理好之外，还要结好邻邦，让各个地方都能友好相处、和平相处。能不以战争解决争端，就不用战争，推行仁德，往往比战争更有效。

晏子盛赞齐桓公"九合诸侯，一匡天下"的壮举，"辞令穷远而不逆，兵加于有罪而不顿。是故诸侯朝其德，而天子致其胙"。但是到齐景公当政时，公室和旧贵族势力已经衰落，以田氏为代表的新兴势力迅速发展起来，晏子多次预言齐国政权将被田氏所夺取。齐景公曾幻想恢复像齐桓公那样的霸业，晏子明确告诉他齐国已处于衰世，重建霸业已经不可能了。在此形势下，晏子反复强调齐国应当实行和平外交政策，他主张"不伐无罪之国"，"不侵大国之地，不耗小国之民"，"不劫人以兵甲，不威人以众强"，"德行教训加于诸侯，慈爱利泽加于百姓"，"地博不兼小，兵强不劫弱"。所以他认为，只有和诸侯国和平相处，推行德义以和好诸侯，才能使国家免于战乱，求得安定。

汉武帝时期，汉朝政府设置河西四郡，隔绝了西羌与匈奴之间的通道，并驱逐西羌各部，不让他们在湟中地区居住。汉宣帝即位后，羌人通过汉使上报朝廷，希望北渡湟水，迁到没有田地的地方去放牧。汉宣帝听说后，询问赵充国对此事的看法，赵充国说："羌人之所以容易控制，是因为各部都有自己的首领，所以总是互相攻击，没有形成统一之势。匈奴多次引诱羌人，企图与羌人共同进攻张掖、酒泉地区，然后让羌人在此居住。近年来，匈奴西部地区受到乌孙的困扰，我怀疑他们会派遣使者与羌人部落联系。恐怕西羌事变还会发展，并不只限于目前的局面。他们还会和其他部族再次联合，我们应提前做好准备。"一个多月后，羌人首领果然派使者到匈奴去借兵，企图进攻鄯善、敦煌，阻隔汉朝通往西域的道路。

西汉神爵元年（公元前61年），汉宣帝派辛武贤、许延寿率军与赵充国部会合，大举进攻羌人。这时，羌人在赵充国的安抚下，已有一万多人归附。赵充国的奏章尚未发出，就接到朝廷攻打羌人的诏令。赵充国不主张用兵，而是派步兵在当地屯垦戍卫，等待反叛的羌人自行败亡。有人劝说赵充国不要坚持自己的意见，赵充国却认为，实施屯戍政策不仅可以解决羌人的叛乱问题，而且可以起到抚慰四方蛮夷的作用。赵充国的儿子害怕其父抗命，便让门客去劝赵充国，说："如果一旦违背了皇上旨意，派御史前来问罪，将军不能自保，又怎能保证国家的安全？"赵充国始终坚持自己的想法，多次上书汉宣帝，重申自己的观点。他建议：撤除骑兵，留步兵一万人，分别屯驻在要害

第七章 卫国保民，和平外交
——晏子原来这样说军事之道

地区，一面武装戒备，一面耕田积粮，恩威并行。这样可以节省大笔开支，并且可以维持士卒的费用。留兵屯田足可平定西域。"

果然，这种做法不仅让自己的士兵得以自给，也让边外得以安抚。

唐朝在经历了"安史之乱"后，社会内部矛盾更加错综复杂，国力也日益衰弱，尤其是吐蕃统治集团早已对这块肥肉虎视眈眈。

唐朝叛将勾结回纥与吐蕃，起兵谋反，军情告急。后有老将郭子仪前去回纥军营，对回纥将士推行德义之举，并施以恩惠，终得消除唐之危机。

郭子仪对回纥首领药葛罗说："吐蕃王不讲道义，反复无常，趁着唐朝内乱，便侵占土地，烧毁城市，破坏乡村，还掠去大批财物。假如你们肯帮助我们打退吐蕃，继续保持同唐朝的友好关系，唐朝就把吐蕃抢去的东西，全部送给你们。你们不要失去这个好机会啊！"药葛罗听了又感激、又惭愧地说："令公的话开导了我，我愿帮助唐军打退吐蕃兵，以便立功赎罪。不过，请你不要把仆固怀恩的儿子杀掉，因为他是我们王后的兄弟，杀了他，我们王后会很伤心的。"郭子仪答应了他的请求。药葛罗摆出酒席，同郭子仪同饮共欢。郭子仪面对众多回纥将士说："大唐天子万岁！回纥可汗万岁！谁若违背誓言，就叫他死在阵前！"药葛罗也照样发了誓。对方互相定立了盟约后，郭子仪就领着几个部下，胜利地回到了唐营中。

不费一枪一卒，郭子仪就这样又平定了一场叛乱，并且还为唐朝争取到了一个盟友。

晏子认为，"不侵大国之地，不耗小国之民，不劫人以兵甲，不威人以众强"，只有和诸侯、外邦和平相处，推行德义以和好诸侯、外邦，才能使国家免于战乱，求得安定。

战乱给国家和人民带来的只有无穷的灾难，国家动荡，民不聊生。据记载在秦末农民战争中即公元前215年到公元前205年西汉建国初期，共历十年。秦朝末年全国有2000多万人，到汉初消亡了原来人口的70%，大城市人口剩下十分之二三。在西汉末年混战中，公元2年全国人口5959万，经过西汉末年的混战，到东汉初的公元57年，人口2100万。损失率65%。20年间，西安的人口从68万减到28万，大荔从91万减到14万，兴平县从83万减到9万，绥远县从69万减到2万。三国鏖战中，公元156年全国人口5007万，经过黄巾起义和军阀混战，公元208年赤壁大战后的全国人口为140万，公元221年人口下降到90万；损失率为98.3%。公元208年赤壁之战到汉末三国大动荡活下来的人只是原来人口的1%！一直到公元265年，三国人口总计才767万。其实战乱给国家和人民带来的灾难远不止这些，每次的战争都会有大批的物资用于军事，而人民则会饿殍遍野。国家实力与发展也会严重倒退。

久经战乱方知和平可贵。古代大国，只有推行德义，使国内安定，让人民得以休养生息，与各诸侯国与外邦和谐和平相处，才会迅速强大，甚至鼎盛。当今世界，和平是一大主题。不管是整个世界，还是各个国家，只有在相对安定的环境中才能求得长久发展。

第七章 卫国保民，和平外交
——晏子原来这样说军事之道

政通人和，伐则必胜

【原典】

晏子曰："不若修政而待其君之乱也。民离其君，上怨其下，然后伐之，则义厚而利多。义厚则敌寡，利多则民欢。"

【古句新解】

晏子说："您不如首先将自己国家的政治整顿好，然后等待鲁国国君自己搞乱他的国家，等到鲁国出现人民与君主离心离德，上下相互怨恨的局面时，再去攻打鲁国，就会既赢得道义上的胜利，又获得丰厚的物质利益。道义胜利，与您为敌的人就少；利益丰厚，人民就会欢喜和拥戴您。"

自我品评

治国，只有政通人和，人民安居乐业，才会国势强盛；治军，只有政通人和，才能将士齐心，伐则必胜。的确，想要讨伐敌国，首先要使自己国内政治安定，人民和谐；其次是敌国因实行暴政，政治混乱。这样才会获胜。

晏子认为，出兵征伐别国应当具备一定的条件，即"伐人者德足以安其国，政足以和其民。国安民和，然后可以举兵而征暴"。齐景公欲举兵伐鲁，晏子坚决反对，他指出齐国自身"未免乎危乱之理，而欲伐安和之国，不可"，"不若修政而待其君之乱也。民离其君，上怨其下，然后伐之，则义厚而利多。义厚则敌寡，利多则民欢"。他认为，想要讨伐敌国，首先要使自己国内政治安定，人民和谐；其次敌国因实行暴政，"民离其君，上怨其下"，内部政治混乱了，离心离德。这样才有获胜的可能。

孙子说："道者，令民与上同意者也，故可与之死，可与之生，民弗诡也。"孙子所说的"道"，杜牧释为"广义"；张预注为"抚众"，即所谓"以恩信道义抚众"者而得民心，得民心者胜。在孙子稍后，孟子在关于"道"的问题上，曾说："得道者多助，失道者寡助；寡助之至，亲戚叛之；多助之至，天下顺之。以天下之所顺，攻亲戚之所叛，故君子有不战，战必胜矣。"因此，欲取得战争的胜利，首先要"修道"，即修明政治，使上下同心。其次是要"保法"，所谓法，是指军队的编制、指挥号令、各级官吏的职责划分及任用、军需品配置等制度规定。当然，除了对此确实加以保证执行之外，还得坚守克敌制胜的用兵法则。

战国时期的大将吴起非常善于用兵，他认为，要充分发挥军队的战斗力，就必须内部团结。因而提出，国内不协调，不能出兵；军队不协调，不能取胜。所以，善于治理国家的君主，在动员民众打仗时，首先要搞好内部团结，方能克敌制胜。吴起是这样说的，也是这样做的。平时，他与军中士卒同吃一锅饭，同穿一样的衣服，睡觉不另设床铺，行军不乘坐车马，见士兵背的粮食太重，赶紧与其分担。一次，有一个年轻的士兵身上长毒疮，吴起为他吸出毒疮里的脓血，还亲自调药敷上。这个士兵的母亲听说后，就痛哭起来。有人不解地问："您儿子是个小小的士兵，吴起身为大将，亲自替您儿子吸出毒疮里的脓血，您不高兴。还哭什么？"这位母亲回答说："您不知道。从前孩子的父亲身上长毒疮，也是吴大人用嘴替他吸脓，结果孩子的父亲打起仗来，奋不顾身，一往无前，终于战死在沙场。今天，吴大人又同样对待孩子，我真不知道这孩子将来会死在什么地方，所以，伤心流泪。"这位母亲的心情是可以理解的。她这番话说明吴起处处和士卒打成一片，爱护士兵，关心他们的疾苦，从而赢得士卒的爱戴，激发他

第七章 卫国保民，和平外交
——墨子原来这样说军事之道

们的战斗意志和牺牲精神，这正是战胜敌人的重要因素。

另外，吴起还认为："兵不在多，以治为胜。"也就是说善于治军，必须有正确的政策和法令。有一次，魏侯问他："军队依靠什么打胜仗？"他回答说："要靠治理得好。"魏侯又问："难道不在于人多吗？"他肯定地回答："如果法令不明，赏罚不严，鸣锣不收兵，擂鼓不冲锋，虽有百万大军，又有何用处呢？"因此，他建议魏侯对有战功的将士要加倍赏赐；对临阵脱逃的要重重地惩罚；对死难将士的家属，每年要派人慰问，加以抚恤。吴起特别强调军队必须服从命令，认为这是治理军队的前提。不然，部队平时就要发生混乱，战时就要打败仗。只有守信用，讲政策，明法令，才能做到发号施令，将士乐于贯彻执行；兴师征战，将士就乐于出征；交兵接刃，将士便乐于拼命。

因遭人陷害，吴起于公元前383年被迫离开魏国，投奔楚国。楚悼王早听说吴起很有才能。因此，吴起到达楚国就受到重用。开始，悼王任命他为宛守，后任命他为令尹，执掌楚国的军政大权。吴起经过对楚国情况的具体分析，向悼王建议说："楚国的地方很大，军队人数也很多，照理说应该比其他诸侯国强。可事实上，连同其他强国平起平坐的地位都没有，什么原因呢？我认为，大臣的权势太重，受封的贵族闲人太多，对上威逼君主，对下虐待士民，这是国贫、军队无战斗力的根本原因，应从根本制度上改革。"尽管当时有人极力反对，楚悼王仍采纳了吴起的意见，在全国实行变法。

在政治上，提倡"明法审令"，使人人知道国家的法令，以便贯彻执行。改革世袭和分封制，规定分封的贵族传三代后，一律收回封爵和俸禄。废除远房公族的宗室谱籍，并取消世袭多年的贵族特权。打击旧贵族，将居住在京城的贵族迁到边远的宽广荒凉的地方。精简国家机构，罢免无能的官吏，裁减无用的冗员。严禁结党营私，堵塞徇私舞弊之风。

在经济上，奖励"耕战之士"，使其安心于农业生产，保证生产的发展。

在军事上，提出磨利武器，整顿军队，伺机争雄于天下。建立一支精锐的军队，由国君统一指挥，以便用来达到统一中国的目的。为了加强国都的防卫。把城墙由两版的基础上加高到四版(今二丈二尺左右)。

吴起主持的变法仅实行一年，贫弱的楚国就开始富强起来，政治修明，兵力强大，致使其他诸侯畏惧。因而，楚国能够南边平定百越(当时居住在我国南部的越族)；北边吞并陈国(今河南东部、安徽西部一带)和蔡国(今河南中部一带)，击退了魏、韩、赵三国的袭扰，使之不敢向南图谋楚国；西边还讨伐了秦国。

吴起因深知治国无"常道"，所以大举变法，使楚国再次强大，威震中原。

越王勾践正是使自己国内政治清明，人民和谐，而后才一举灭掉吴国。孙子曰："善用兵者，修道而保法，故能为胜败之政。"意思是说，善于谋划战争的人，必须修明政治，确保法制，从而能掌握战争胜负的决定权。荀子曰："上得天时，下得地利，中得人和。"都是在强调想成就霸业，必须得保证政通人和。

故此，要想在战争中取得胜利，必须得保证"政通人和"，这样伐则必胜。